ALEGRIA MUSICAL 8

AUTOR: ADA RODRÍGUEZ GUEVARA

"**Es la música la expresión de todos nuestros sentimientos** "

Ada C. Rodríguez Guevara.

Autora: Ada C. Rodríguez Guevara.

Ilustración de portada y diseños: Yavel Más Falcón

Alegría Musical 8. Primera Edición.

Al Alumno

Este libro constituye el texto de música que utilizarás en el transcurso del año escolar. Está estructurado en: presentación, índice, área, anexos, glosario y bibliografía.

En el primer trimestre estudiarás los elementos del lenguaje musical como, por ejemplo, las figuras y silencios musicales; los signos de prolongación tales como puntillo, ligadura y calderón, por otra parte, conocerás también los signos de repetición, sonidos naturales y alterados, el teclado del piano, la escala musical en clave de sol y de fa, y los compases binarios.

En el segundo trimestre continuarás con los compases, pero ternarios, cuaternarios y binarios con subdivisión ternaria. Un tema que no podía faltar es la cultura de nuestros aborígenes, sus instrumentos y curiosidades de sus festividades, ah construirás utensilios musicales tales como el sikú, el nasisi, disco zumbador, los cuales ejecutarás en clases para la interpretación melódica y armónica. Realizarás actividades prácticas para identificar cada uno de los instrumentos de las diferentes comarcas, resolverás crucigramas, sopas de letras relacionadas con el tema.

En el tercer y último trimestre del curso, los temas a desarrollar son, el folklore musical de América, sus orígenes, raíces, instrumentos musicales; interpretarás, además, diversos cantos latinoamericanos. De las voces humanas, escucharás sus diferentes registros musicales y sabrás en cuál categoría se encuentra la tuya.

De la Orquesta Sinfónica, sabrás la ubicación y clasificación de cada uno de los instrumentos que la conforman, deberás realizar una actividad práctica relacionada con el tema. De las diferentes agrupaciones de Panamá, conocerás sus características y para finalizar estudiarás las instituciones culturales de nuestro país.

Al final del texto, se incluye un glosario con el significado de términos musicales para aclarar algunos aspectos del contenido. Considero que este libro contribuirá a tu formación musical y lo recibirás con el amor que lo he creado para ti.

Autora

Presentación

"La música expresa lo que no puede ser dicho y aquello sobre lo que es imposible permanecer en silencio". Víctor Hugo

El arte de hacer música va impregnado en cada persona, esta manifestación del arte eleva la autoestima, ayuda a las personas a proyectarse de una forma correcta ante cualquier situación. Cuando experimentamos sentimientos positivos tendemos a tararear o cantar alguna melodía, también en momentos tristes la música puede ser un buen consejero. Por lo general cada etapa de la vida por la que atraviesa el ser humano ha estado relacionada con algún tema musical en específico. Un lugar que no tenga música resulta aburrido pues ella tiene efectos terapéuticos, por tal motivo en aeropuertos, lugares comerciales incluso en algunos hospitales proyectan temas musicales con el fin de lograr momentos placenteros.

La música aporta grandes beneficios, por ejemplo, es el denominador común para alcanzar confianza en sí mismo, es un lenguaje espiritual mediante el cual expresamos nuestros sentimientos, hace a la persona más hábil, analítica y capaz ante la solución de un problema determinado. En el plano social desarrolla individuos comunicativos, afables, joviales. La práctica de un instrumento desarrolla el hemisferio derecho del cerebro, mejora el lenguaje y la actividad motriz, por tales motivos es necesario que nuestros niños(a) y jóvenes se introduzcan en este mundo tan maravilloso:

La música

ÍNDICE

Unidad I

Unidad II

Unidad III

UNIDAD I

Objetivo de aprendizaje: Distingue los diversos signos, figuras y elementos que se utilizan en la gramática musical, discriminando su sonido y los diferentes efectos sonoros.

Elementos del lenguaje musical

Las figuras musicales y sus valores
Los silencios o pausas y sus valores.
El compás

Los signos de prolongación

puntillo, ligadura, calderón.

Signos de repetición

D.C

Sonidos naturales y alteraciones
Sostenido, bemol o y becuadro

♯   ♭   ♮

El teclado del piano

do central

La escala musical en Clave de sol y fa

Compás de 2/4

Binario.

Competencias en Desarrollo

Competencia comunicativa:

❖ Comunica de manera oral, escrita, visual y gestual los elementos del lenguaje musical.

❖ Comprende, analiza e interpreta lo que se le comunica.

Competencia pensamiento lógico matemático:

❖ Maneja estructuras básicas, conocimientos y procesos matemáticos, que le permiten comprender el valor de cada figura de nota y silencio musical.

❖ Utiliza su capacidad de pensamiento reflexivo, analítico, de abstracción y síntesis en matemática aplicándolo en resolución de situaciones del contexto.

Competencia cultural y artística:

❖ Analiza de forma creativa las situaciones, conceptos y sentimientos por medio del arte musical.

❖ Expresa las ideas, experiencias o sentimientos mediante diferentes medios tales como la música.

❖ Valora la libertad de expresión, el derecho a la diversidad cultural, la importancia del diálogo intercultural y la realización de las experiencias artísticas compartidas.

❖ Posee capacidad creativa para proyectar situaciones, conceptos y sentimientos por medio del arte escénico y musical.

Aprender a aprender:

❖ Muestra capacidad permanente para obtener y aplicar nuevos conocimientos y adquirir destrezas.

❖ Pone en funcionamiento la iniciativa la imaginación y la creatividad para expresarse mediante códigos artísticos.

Indicadores de logro

- ❖ Completa correctamente figuras musicales, con su valor, y silencio de cada una.

- ❖ Distingue correctamente las figuras musicales dentro del pentagrama.

- ❖ Nombra con seguridad el valor de las figuras musicales en una partitura.

- ❖ Nombra con seguridad el valor de las figuras musicales en una partitura.

- ❖ Arma compases utilizando únicamente las figuras estudiadas.

- ❖ Define con tus palabras los conceptos prolongación y alteración en la música.

- ❖ Nombra los signos de prolongación que se encuentre en un escrito de una pieza musical correctamente.

- ❖ Explica de forma clara la utilidad de los diferentes signos de prolongación en un escrito musical.

- ❖ Entona melodiosamente las notas musicales con su sonido natural.

- ❖ Distingue con seguridad en el piano las teclas de alteraciones.

- ❖ Solfea notas musicales, respetando la duración del sonido, según el signo de prolongación y la diferencia del sonido de acuerdo a la alteración.

- ❖ Ordena acertadamente notas musicales en el pentagrama con la clave de sol y fa.

- ❖ Lee notas musicales en el pentagrama y las localiza en un instrumento (flauta, piano) tomando en cuenta las líneas y los espacios de acuerdo a la clave de sol y fa.

- ❖ Aplica el compás a melodías escuchadas con atención.

Contenidos

Conceptuales:

❖ Los elementos del lenguaje musical. Las figuras musicales y sus valores. La redonda, blanca, negra, corchea, semicorchea. Los silencios o pausas y sus valores. El compás

❖ Los signos de prolongación y alteración. Concepto. Prolongación: El puntillo, la ligadura, el calderón, el signo de repetición, el Da Capo. Sonidos naturales Alteración: El sostenido, el bemol, el becuadro. El teclado del piano.

❖ La escala musical en clave de sol y fa.

❖ Compás de 2/4.

Procedimentales:

❖ Descripción de los elementos del lenguaje musical, tomando en consideración las figuras musicales, sus valores y sus silencios o pausas.

❖ Aplicación del compás como guía en la escritura de los acordes musicales.

❖ Explicación de signos de prolongación y alteración en el lenguaje musical.

❖ Reconocimiento de los signos de prolongación en escritos musicales (partituras).

❖ Aplicación de los signos de alteración y su incidencia en el teclado del piano.

❖ Distinción de la escala musical en sol y fa, de acuerdo a la ubicación de las notas en el orden corresponde.

❖ Aplicación y marcación correcta de cada uno de los compases: 2/4 con una melodía conocida.

Actitudinales:

❖ Disposición por utilizar correctamente el lenguaje musical.

❖ Aprecia la función de cada uno de los signos de prolongación y alteración al ser agregados a las figuras y notas musicales.

❖ Apreciación de los signos de alteración y su incidencia en el teclado del piano.

❖ Valoración de la escala musical en el pentagrama, para la interpretación de una pieza musical.

❖ Apreciación de diversas melodías de acuerdo al compás marcado en la pieza musical.

Lección 1: Figuras de notas musicales sus silencios y valores

Objetivo: Observa mediante un cuadro las figuras y silencios musicales con sus valores respectivamente.

Las figuras y silencios musicales constituyen parte de los elementos del lenguaje musical. Cada figura posee su silencio propio, en el siguiente cuadro podrás observar cada una de ellas.

Nombre	Figura	Silencio	Valor	Representación numérica
Redonda			4 tiempo	1
Redonda con puntillo			6 tiempos	1
Blanca			2 tiempos	2
Blanca con puntillo			3 tiempos	2
Negra			1 tiempo	4
Negra con puntillo			1 tiempo 1/2	4
Corchea			1/2 tiempo	8
Corchea con puntillo			¾ tiempo	8
Semicorchea			¼ tiempo	16
Fusa			1/8 tiempo	32
Semifusa			1/16 tiempo	64

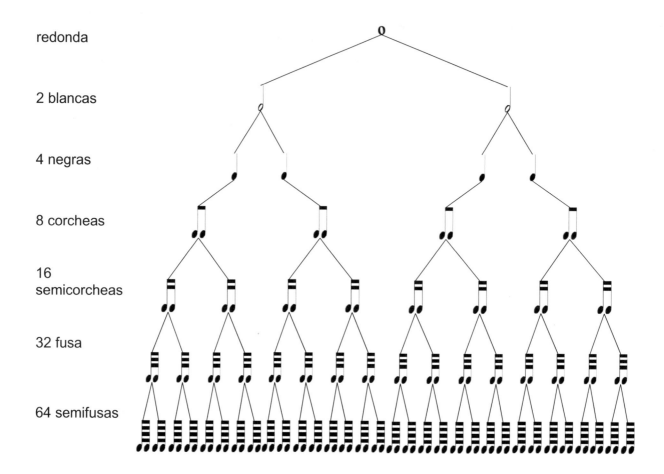

redonda

2 blancas

4 negras

8 corcheas

16 semicorcheas

32 fusa

64 semifusas

Equivalencia entre las figuras musicales

Como puedes observar en la pirámide de figuras, por una redonda entran 2 blancas, por una blanca entran 2 negras, por una negra entran 2 corcheas, por dos corcheas entran 4 semicorcheas, por una semicorchea. En grado posterior estudiarás las restantes, fusa y semifusa.

Curiosidades

Sabías que figuras como la corchea, semicorchea, fusa y semifusa llevan corchetes curvos hacia la derecha al lado de la plica; pero hay algo más, este corchete comienza en la punta superior y se curva hacia abajo cuando la aplica se dirige hacia abajo y, por el contrario, cuando la plica está dirigida hacia arriba el corchete empieza desde la punta inferior y se curva para arriba.

Lección 2: Figuras de notas y silencios

Objetivo: Relaciona las figuras musicales con su valor.

 Actividad práctica

1. Resuelve el siguiente pareo entrelazando la columna A con la B.

Valor	Figura musical
4 tiempo	♩
2 tiempos	o
1 tiempo	♩
1/2 tiempo	♩.
3/4 tiempo	♪
1 tiempo 1/2	♪.
3 tiempos	o·
6 tiempos	♩.

2. Dibuja cada figura musical con su correspondiente silencio.

Figura de negra: _____   Silencio de negra: _____

Figura de blanca: _____   Silencio de blanca: _____

Figura de redonda: _____   Silencio de redonda: _____

Figura de corchea: _____   Silencio de corchea: _____

Figura de semicorchea: _____   Silencio de semicorchea: _____

Figura de fusa: _____   Silencio de fusa: _____

Figura de semifusa: _____   Silencio de semifusa: _____

3. Auxiliándote de una regla construye la pirámide de figuras musicales, puede orientarse por la que aparace en la página 12.

Trabajo en competencias

Trabajo en grupo

Elaboración de un mural musical

Materiales: hielo seco o cartulina, goma fría, exacto, témpera.

El grupo se dividirá en 5 equipos, cada uno elegirá una figura diferente:

Equipo 1: redonda, equipo 2: blanca, equipo 3: negra, equipo 4: corchea, equipo 5: semicorchea.

Cada uno dibujará la figura correspondiente con su silencio en el hielo seco o cartulina, la decorará y finalmente todos se pondrán de acuerdo para ubicarla de forma jerárquica en el mural.

Lección 3: Figuras de notas y silencios

Objetivo: Relaciona mediante el dibujo las figuras musicales con su valor.

 Actividad práctica

1. Dibuja en cada círculo la figura de nota y silencio que corresponde según su valor.

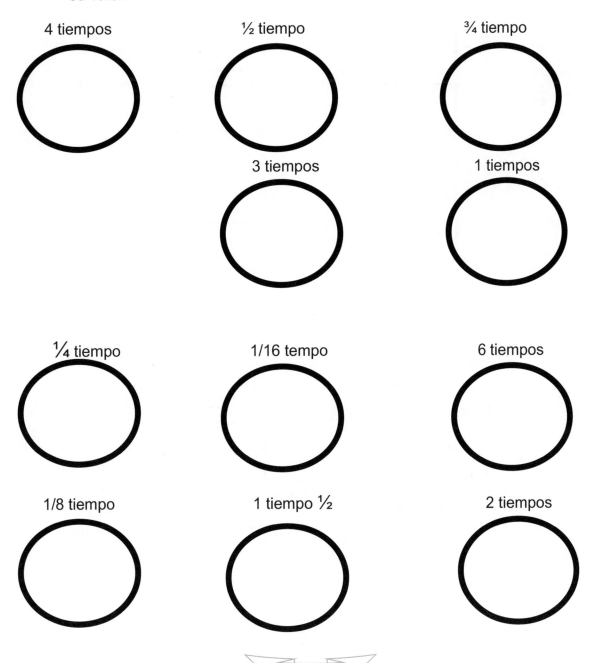

4 tiempos

½ tiempo

¾ tiempo

3 tiempos

1 tiempos

¼ tiempo

1/16 tempo

6 tiempos

1/8 tiempo

1 tiempo ½

2 tiempos

Lección 4: Figuras musicales

Objetivo: Calcula el valor de las figuras musicales mediante la suma y la resta.

 Actividad práctica

1. Observa los siguientes cálculos y dibuja en el primer cuadrado la figura musical que representa el resultado correcto. En el segundo el valor numérico total del valor.

a. 𝅝• + 𝅗𝅥 =

b. 𝅝• - 𝅗𝅥 =

c. ♪ + ♪ =

d. ♩• + ♩• =

e. 𝅗𝅥 + 𝅗𝅥 =

f. 𝅗𝅥• x 𝅗𝅥• =

g. ♪ + ♪ =

h. 𝅝 - 𝅗𝅥• =

i. ▬ - ▬ =

Lección 5: Notas musicales en clave de sol

Objetivo: Repasa las notas musicales en clave de sol

Las notas musicales son 7 y se llaman, do (C), re, (D), mi (E), fa (F), sol (G), la (A), si (B). Se escriben en sistema latín o anglosajón (inglés) por ejemplo:

Español	do	re	mi	fa	sol	la	si
Anglosajón	C	D	E	F	G	A	B

Las notas se colocan en el **pentagrama** que es un conjunto de cinco líneas y cuatro espacios, los que se cuentan de abajo hacia arriba.

5
4
3
2
1

4
3
2
1

En cada línea y espacio del pentagrama se ubica una nota musical diferente, por ejemplo en en línea de abajo hacia arriba en clave de sol tenemos: **mi**, **sol**, **si**, **re**, **fa**.

Una manera fácil para aprender las notas en líneas es relacionándolas con los dedos de las manos, dedo 1 con **mi**, dedo 2 con **sol**, dedo 3 con **si**, dedo 4 con **re**, dedo 5 con **fa**.

Las notas en espacio en clave de sol son: **fa**, **la**, **do**, **mi.**

fa   la   do   mi

F   A   C   E

Al igual que en las líneas, las notas en espacio las memorizarás mejor familiarizándola con los espacios de los dedos de la mano.

Actividad en clases

Escribe las notas en las líneas y coloca sus nombres.

Escribe las notas en espacios y coloca sus nombres en el sistema anglosagón y en latín.

Comprueba tus conocimientos

1. Resuelve el siguiente pareo relacionando A con la B, de acuerdo con la posición de la nota musical.

re (D)

sol(G)

la (A)

do (C)

si (B)

mi (E)

fa (F)

2. Escribe el nombre de cada nota en sistema anglosajón.

___ ___ ___ ___ ___ ___ ___ ___ ___

Lección **6**: Notas musicales en clave de fa

Objetivo: Repasa las notas musicales en clave de fa.

Otra de las claves musicales es la de **fa** 𝄢 , que se escribe en segunda o cuarta línea, la más utilizada es esta última. Los instrumentos que interpretan esta clave:

El trombón  cello La tuba

Las notas en línea en la clave de **fa** son:

     sol   si   re   fa   la

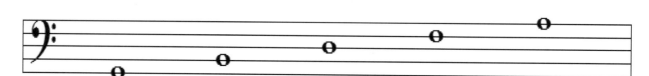

Notas en espacio en la clave de **fa.**

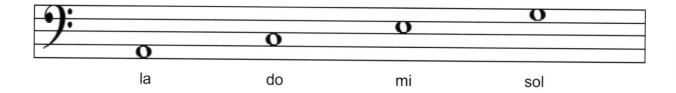

     la   do   mi   sol

Actividad en clases

1. Coloca en los siguientes pentagramas las notas en clave de **fa**, ubícalas en líneas, en espacio y escriba sus nombres.

b. Coloca las notas en clave de **fa** de forma ordenada, en la siguiente secuencia: do, re, mi, fa, sol, la, y si.

Líneas:

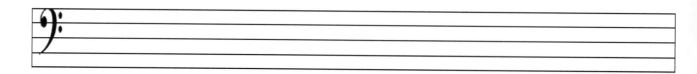

Espacios:

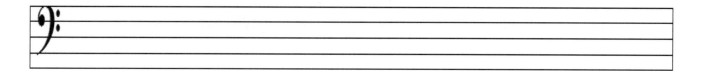

Forma ordenada ascendiendo:

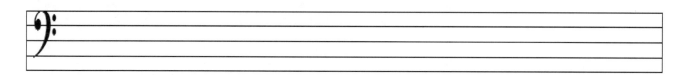

Forma ordenada descendiendo:

2. Entrelaza, mediante una línea, el nombre de la nota musical con su posición en la clave de fa.

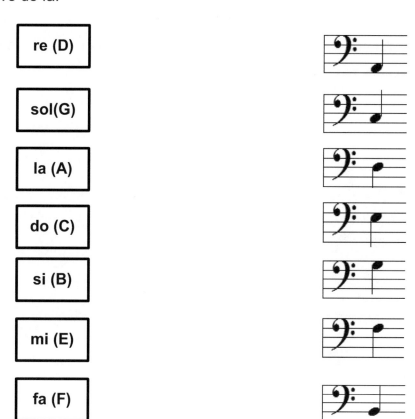

re (D)

sol(G)

la (A)

do (C)

si (B)

mi (E)

fa (F)

Lección 7: Notas musicales en clave de fa

Objetivo: Repasa las notas musicales en clave de fa.

 Actividad práctica

Sugerencia: Recordar al estudiante que la clave de **fa** se escribe en cuarta línea por lo tanto la nota ubicada en esa posición recibe el nombre de **fa.**

   1. Escribe el nombre de las siguientes notas en clave de fa.

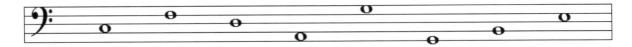

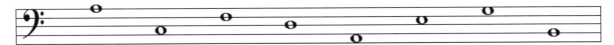

1. Observa el fragmento musical que aparece de inmediato y dibuja de forma ascendente y descendente las notas con líneas y espacios adicionales superiores e inferiores (en figuras de negra). Escribe el nombre de cada una de las notas representadas.

2. Escribe el nombre de cada nota en sistema anglosajón

Lección 8: Signos de prolongación musical

Objetivo: Conoce los signos de prolongación en el lenguaje musical.

Los signos de prolongación, como su nombre lo indica son símbolos que se utilizan para extender el sonido, sus nombres son: puntillo, ligadura y calderón.

El puntillo es un puntito que se coloca a la derecha de la figura musical o silencio y le adiciona a estos la mitad de su valor.

Una figura de negra vale 1 tiempo, pero con puntillo ya cambiaría y valdría 1 tiempo y medio porque la mitad de 1 es el medio y es lo que este le adiciona a la figura. 1 + ½= 1 y ½ tiempos

= 1 tiempo   = 1 tiempo 1/2

Una figura de blanca vale 2 tiempos pero con puntillo serían 3 pues la mitad de 2 es 1 y 2 + 1 = 3 tiempos.

= 2 tiempos   = 3 tiempos

En el caso de la redonda con puntillo su valor sería de 6 tiempos, pues ella vale 4, la mitad de 4 es 2 y 4 + 2 = 6 tiempos

= 4 tiempos   = 6 tiempos

Así, de esta forma, es el efecto que produce el puntillo en las figura o silencio musical. (cuadro de la página 11)

Ligadura es otro signo de prolongación se representa con una línea curva que une a dos notas del mismo nombre y sonido o altura. La segunda nota no se ejecuta pues su valor pasa a la primera. Las dos notas que se ligan pueden tener igual o diferente valor.

Calderón es otro de los signos de extensión del sonido, se representa mediante un semicírculo con un punto en el medio se ⌢ coloca encima o debajo de figura de nota o silencio y de línea divisoria. Este signo indica que el interprete es libre para alargar el sonido a su gusto en dependencia de la obra. Si el calderón está ubicado encima o debajo de la línea divisoria, significa que el sonido se detiene instantaneamente entre los dos compases sin alargar el sonido.

Actividad en clases

1. Coloca en el cuadro, el valor numérico de las figuras de notas y silencios con signos de prolongación.

Figuras y silencios musicales	Valor
♪.	
♩⌣♩	
𝄾·	
♩.	
𝅗𝅥.	
𝅝·	
▬·	
𝄽·	
▬.	

Trabajo en competencias

1. Observa la siguiente composición musical, identifica y circula los signos de prolongación.

Air on the G String

from Suite No.3

J.S. Bach

Andante

a. Teniendo en cuenta los signos de prolongación identificados completa el siguiente cuadro.

Nombre del signo de prolongación identificado	Número del pentagrama en el que se encuentra	Función del signo en la figura musical

 Curiosidades

Sabías que en la música también se utiliza el doble y triple puntillo, pero esto no es todo, en el año 1769 Leopoldo Mozart introdujo el uso del doble puntillo siendo su hijo el primer compositor que lo utilizó en sus obras.

Lección 9: Signos de prolongación

Objetivo: Identifica e interpreta mediante una composición los signos de prolongación.

Actividad práctica

1. Observa la siguiente composición musical y circula cada signo de prolongación, escribe su nombre y diga qué efecto causa en cada una de las figuras. Interpreta al instrumento esta composición.

Largo

Handel

Largo

_____
_____
_____
_____
_____
_____
_____
_____ .

2. Observa la siguiente composición musical y ubica el signo de prolongación en la figura cuyo tiempo es incompleto.

a. Escribe el nombre del signo que utilizaste y la función que desempeña en la duración de la figura musical.

_____
_____
_____
_____
_____ .

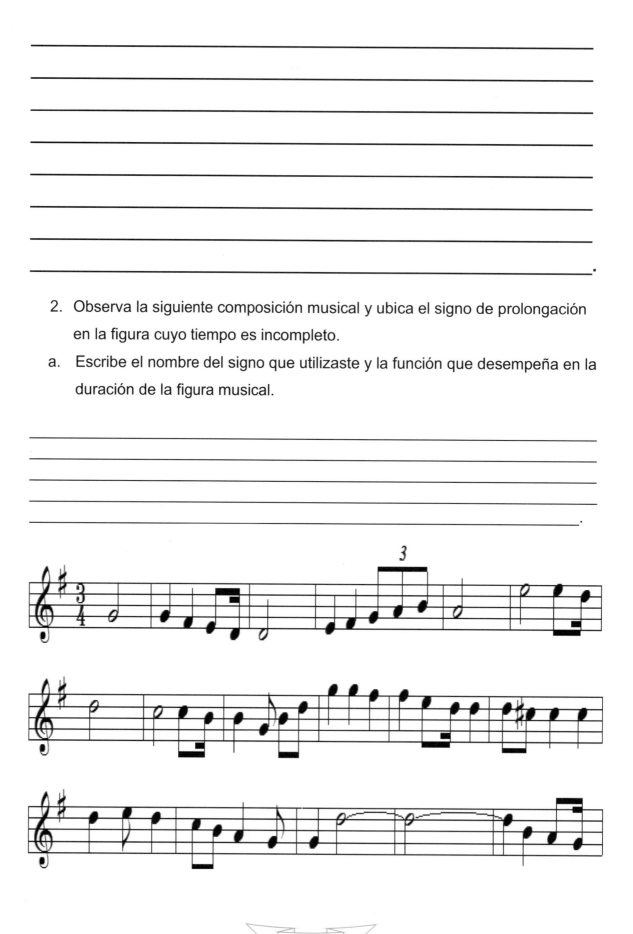

Lección 10: Signos de repetición

Objetivo: Aprecia los signos de repetición en el lenguaje musical.

Los signos de repetición son unos símbolos utilizados en el lenguaje musical con el fin de volver a ejecutar un fragmento o melodía completa, se representan de forma abreviada.

Puntos o barras de repetición: Como su nombre lo indica está compuesto por una doble barra, la primera delgada y la segunda gruesa. Delante de las barras van ubicados dos puntitos en el segundo y tercer espacio del pentagrama.

Si los dos puntos están delante de la primera barra, se repite el fragmento anterior.

Si está detrás se repite la parte que sigue.

Si están a ambos lados de cada barra, entonces se repite la que precede y la que continúa.

Arcos de 1ra y 2da vez: Son dos arcos que van acompañado de las barras de repetición. Se ejecuta de la siguiente manera: cuando se llega al primer arco se repite desde el principio de la pieza o de la doble barra, después en la segunda vuelta cuando llega al primer arco, se salta o se omite y continúa la música a partir del segundo. Ejemplo:

Párrafo o llamada: Este signo indica a partir de donde se puede repetir la obra musical o parte de ella.

Signo de párrafo o llamada: 𝄋

Da Capo o D. C: Es otro signo de repetición que indica que la pieza se vuelve a tocar desde el principio o desde el signo de párrafo o llamada, hasta que aparezca la palabra fine (fin). En ocasiones se repite a partir del signo de párrafo o llamada. En obras musicales aparece D.C a la coda que significa que se debe comenzar desde el principio hasta el primer símbolo de coda, saltar los compases que le siguen y continuar en el otro símbolo de coda.

Ejemplo del signo de coda: ⊕

Actividad en clases

1. De los siguientes fragmentos musicales que te presentamos a continuación señala mediante una flecha los signos de repetición, escribe su nombre y explica en cada caso cómo funcionan.

Actividad para el hogar en competencias

1. Observa la siguiente composición musical e identifica y escribe el nombre de los signos de prolongación y repetición que aquí se encuentran.

Minuet en Sol (G) Mayor

Johann Sebastian Bach

_____

_____

_____

_____

_____

_____

_____

_____

_____

_____

Repasa lo aprendido

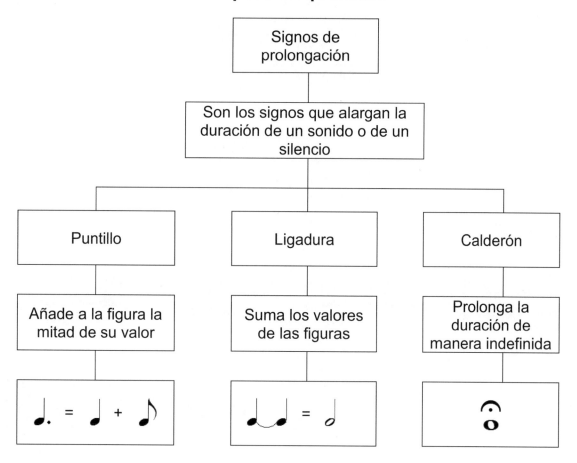

La figura de negra ♩ tiene el valor de 1 tiempo, pero cuando tiene un puntillo ♩. vale 1 tiempo y medio porque el puntillo le dona medio tiempo.

En el caso de la ligadura, como su nombre lo indica, liga el tiempo de ambas figuras sumándose los dos valores y, por lo tanto, se ejecuta una sola que sería la primera; pero con el valor de las dos, la segunda no se toca, por lo tanto, si son dos figuras negras se tocará una con el valor de 2 tiempos.

En el caso del calderón, otro signo de prolongación, el sonido se prolonga hasta que el director de la orquesta indique. Si por lo contrario es un solista este decidirá la duración del sonido de la nota con calderón.

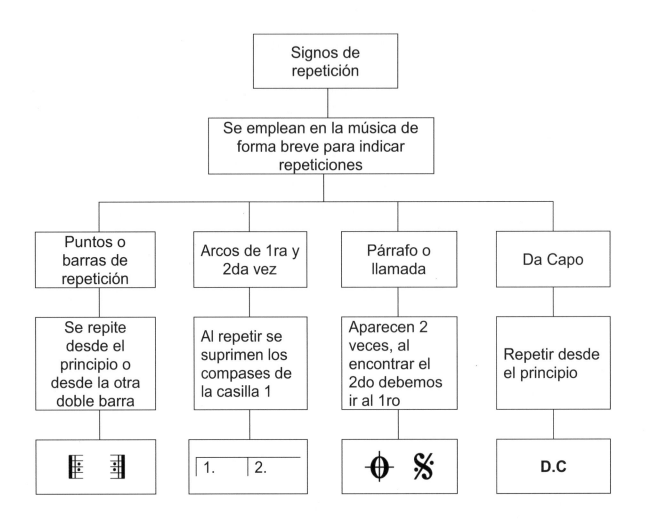

Trabajo en Competencias

Trabajo individual

Buscar en internet e imprimir un fragmento de un tema musical del ámbito nacional o internacional, que contenga signos de prolongación y de repetición.

Marque con resaltadores los signos de repetición y prolongación encontrados y escriba el nombre y función de cada uno en la figura musical.

Lección 11: Sonidos Naturales

> **Objetivo:** Identifica los sonidos naturales de los alterados.

Los sonidos naturales son aquellos que no han sufrido ninguna modificación en su melodía, pero existen otros tipos de sonidos que pierden su naturaleza al ser modificados por alteraciones.

¿ Qué son las alteraciones?. Las alteraciones son signos que alteran el sonido de la nota, se ubican a la izquierda de la figura musica; pero también se pueden localizar al inicio del pentagrama después de la clave. Cuando se ubican a la izquierda de la nota son alteraciones accidentales y después de la clave son propias.

Ejemplos: alteración accidental   alteración propia

Existen varios tipos de alteraciones, sostenido ♯ , doble sostenido 𝄪, bemol ♭ doble bemol ♭♭ y becuadro ♮

Alteraciones	Signo	Función
Sostenido	♯	Le aumenta medio tono a la nota natural.
Doble sostenido	𝄪	Le aumenta un tono a la nota natural.
Bemol	♭	Disminuye medio tono.
Doble bemol	♭♭	Disminuye un tono.
Becuadro	♮	Destruye el efecto causado por el bemol y el sostenido.

Como leíste en el cuadro, las alteraciones suben o bajan medio tono o un tono, pero ¿qué es un tono o medio tono?.

Un tono es la mayor distancia que existe entre dos sonidos, y el semitono es la menor distancia.

Observemos el siguiente teclado de do a re hay una mayor distancia por lo tanto hay un todo, de mi a fa y de si a do hay una menor distancia por lo tanto hay un semitono, si te fijas donde hay tonos hay una separación mediante una tecla negra y donde hay semitono no existe esta tecla negra por lo tando la distancia es menor.

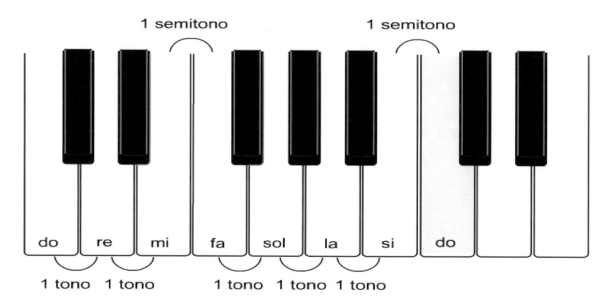

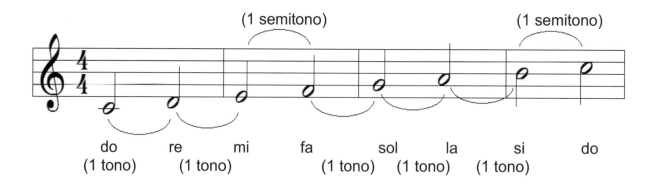

Cuando las alteraciones son propias, forman una armadura de clave, que es el orden en los sostenidos y bemoles ubicados después de la clave musical.

El orden de los sostenidos en la armadura de clave es el siguiente:

fa, do, sol, re, la, mi, si.

Ejemplo:

El orden de los bemoles en la armadura de clave es:

si, mi, la, re, sol, do, fa.

Ejemplo:

Orden de la armadura de clave de los sostenidos y bemoles

fa, do, sol, re, la, mi, si ♯
→

♭←

Si analizas la figura anterior la flecha indica de derecha a izquiera el orden de los sostenidos y de izquieda a derecha el de los bemoles es decir se comienza desde el último sostenido hasta el primero, en sentido contrario.

Actividad en clases

1. Observa el siguiente fragmento musical y responde:
a. Identifica y circula las alteraciones que aparecen en el mismo.
b. Escribe el nombre de cada alteración y diga su función en la nota musical.

_____

_____

_____

_____

_____ .

2. Escribe el orden de las alteraciones que aparecen en las siguientes armaduras de claves.

Lección 12: Alteraciones

Objetivo: Identifica los diferentes tipos de alteraciones.

 Actividad Práctica

1. Observa el siguiente fragmento musical y señale las alteraciones propias y accidentales. Escribe el nombre de la alteración y diga su efecto en la nota.

_____

_____ .

2. Coloca alteraciones propias en los siguientes fragmentos musicales y diga el tipo de armadura de clave en cada caso. Nombre su orden. Señala una alteración accidental. Escribe su nombre.

_____ .

_____ .

_____ .

Lección 13: Alteraciones

Objetivo: Identifica los diferentes tipos de alteraciones.

 Actividad Práctica

1. Observa la siguiente composición musical y responde:

a. ¿Qué armadura de clave presenta? _____.

b. Escribe el orden de la armadura de clave de este tema:

_____.

c. ¿Qué ha ocurrido en el segundo y tercer pentagrama con algunas notas mi? Explica tu respuesta.

_____

_____

_____

_____.

2. En el fragmento musical que aparece a continuación, identifica que tipo de armadura de clave presenta.

_____.

a. Escribe el orden de la armadura de clave: _____.

b. ¿Presenta alguna alteración accidental? Sí o No _____. Circúlala con un color.

Trabajo en competencias

Trabajo individual

Aclaración: La canción Historia de un amor puede estar escrita en varias versiones, por lo tanto, no todos los estudiantes coincidirán con la misma respuesta.

1. Buscar en internet la partitura de Historia de un amor del compositor panameño Carlos Eleta Almaran, y responda:

a. ¿Cuántas alteraciones tiene? _____.

b. Las alteraciones de la canción son propias o accidentales_____.

c. Las alteraciones de la canción son sostenidos o bemoles
_____

d. Escribe su armadura de clave_____.

e. Copia o imprime la partitura y anéxala a tu cuaderno de clases.

Lección 14: Alteraciones

Objetivo: Identifica los diferentes tipos de alteraciones.

 Actividad práctica

1. Observa los siguientes fragmentos musicales y en cada caso responda:

a. Señala la armadura de clave.

b. Escribe el nombre y el orden de la armadura de clave.

c. Señala y escribe el nombre de la alteración accidental en cada caso.

d. Diga el efecto que está causando la alteración accidental en cada nota musical.

a._____.

b._____.

c._____.

d._____.

a._____.

b._____.

c._____.

d._____.

a._____.

b._____.

c._____.

d._____.

a._____.

b._____.

c._____.

d._____.

Trabajo en competencias

Trabajo grupal

Mural

1. Se organizarán en seis equipos cada uno investigará en internet y seleccionará una partitura de autor panameño que contenga alteraciones, no deben coincidir.

2. Dibujar las tres alteraciones, sostenido, bemol y becuadro en un papel de construcción o cartoncillo de tres colores diferentes, uno para cada alteración.

3. Al lado del título del mural colocarán las tres alteraciones dibujadas.

4. Irán colocando las 6 partituras.

Resumen de lo estudiado

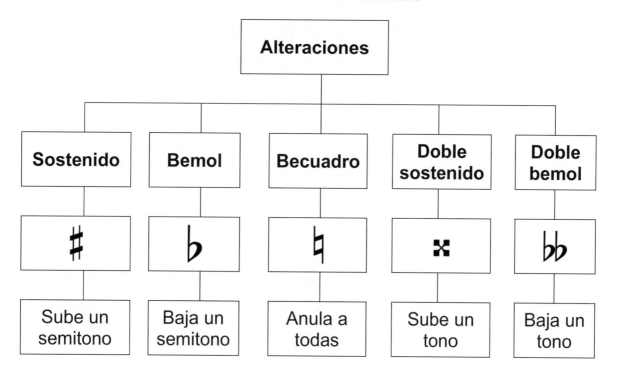

Alteraciones

Sostenido	Bemol	Becuadro	Doble sostenido	Doble bemol
♯	♭	♮	𝄪	♭♭
Sube un semitono	Baja un semitono	Anula a todas	Sube un tono	Baja un tono

Curiosidades

Sabías que existen alteraciones llamadas de precaución o cortesía, pues estas se la pueden encontrar en cualquier parte de la pieza musical, después de una alteración accidental. Si en el siguiente compás de la nota alterada accidentalmente aparece la misma nota, entonces se coloca la cortesía que en este caso sería un becuadro, y así de esta manera se le recuerda al intérprete que no se debe tocar, evitándose errores. También si la partitura tiene alteración propia, puede aparecer una de ellas en cualquier compás recordando que la nota es alterada.

Comprueba tus conocimientos

A	R	M	A	D	U	R	A	D	E	C	L	A	V	E
C	A	R	N	O	R	E	L	A	L	O	M	E	R	P
C	P	A	E	B	S	O	S	T	E	N	I	D	O	U
I	R	A	R	L	E	M	U	R	N	E	U	A	T	N
D	O	B	L	E	S	O	S	T	E	N	I	D	O	T
E	P	E	R	B	E	M	O	L	A	N	A	F	N	I
N	I	V	B	E	C	U	A	D	R	O	R	I	O	L
T	A	M	E	M	S	E	M	I	T	O	N	O	J	L
A	S	E	C	O	A	R	T	P	I	X	A	D	H	O
E	A	D	U	L	I	G	A	D	U	R	A	A	K	I
S	C	A	L	D	E	R	O	N	L	I	T	W	E	A

1. Identifica, en la sopa de letras, las palabras que concluyan las oraciones:

a. Alteración que le aumenta medio tono a la nota natural _____.

b. Alteración que le aumenta un tono a la nota natural _____

c. Alteración que le disminuye medio tono a la nota natural _____.

d. Alteración que le disminuye un tono a la nota natural_____

e. Alteraciones que se ubican a la izquierda de la nota_____.

f. Alteraciones que se ubican después de la clave _____.

g. Destruye el efecto causado por el bemol y el sostenido_____.

h. Mayor distancia que existe entre dos sonidos_____.

i. Menor distancia que existe entre dos sonidos_____.

j. Signo de prolongación que añade a la figura la mitad de su valor_____.

k. Signo de prolongación que suma los valores de las figuras_____.

l. Signo de prolongación que prolonga la duración de manera indefinida

_____.

2. Si hay una nota alterada y deseas llevarla a natural anulando la alteración, qué signo le pondrías.

_____.

Lección 15: Teclado del piano

Objetivo: Observa e identifica las notas naturales en el teclado del piano.

El teclado del piano está compuesto por teclas de color blanco y negro.

Las teclas de color negro están dispuestas en grupos de a **2** y de a **3,** delante de cada grupo de a **2** negras se localiza una tecla de color blanco que recibe el nombre de **do natural,** como el piano tiene muchas teclas, así mismo presenta muchos **do,** pero hay uno que es el que dividie el teclado en la parte aguda y grave, y este recibe el nombre de **do central**.

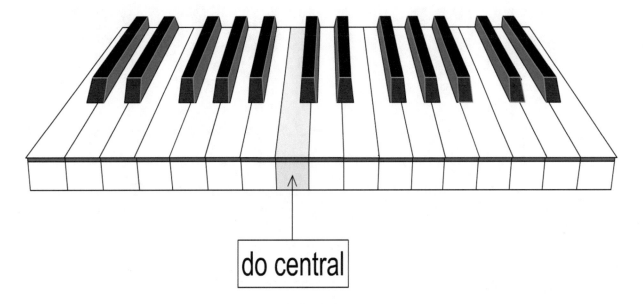

do central

Después de cada tecla **do** se encuentran una tecla blanca ubicada entre las dos negras, ese es **re**, como es lógico le continúa **mi**, después antes el grupo de tres negras se localiza el **fa,** siguiendo el orden, **sol, la,** y **si.** Del **do** central hacia la derecha sería toca utilizando la clave de sol y se ejecuta con la mano derecha y es la parte aguda del piano, y del o central a la izquierda se utiliza la clave se **fa,** y se ejecuta con la mano izquierda y es grave.

Observa   la siguiente figura donde se representa el teclado del piano con la ubicación de cada una de las notas.

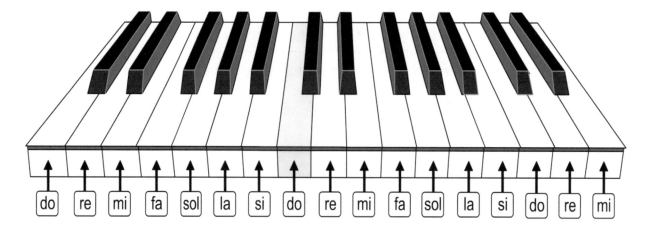

Observe la siguiente figura en la que se evidencia el pentagrama musical y la ubicación de las notas en el teclado.

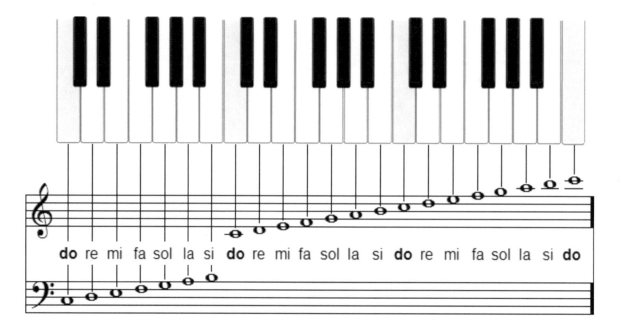

Los dedos de las manos tienen una numeración para tocar el teclado del piano, podrás unir las dos manos y el pulgar será el 1, índice el 2, medio 3, anular el 4 y meñique el 5.

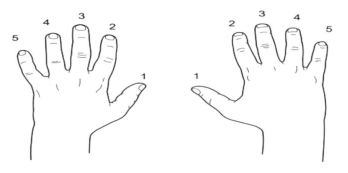

Actividad en clases

1. Observa la figura y colorea las siguientes teclas musicales de esta manera:

Notas	do	re	mi	fa	sol	la	si
Color	celeste	rosado	amarillo	verde	azul	rojo	chocolate

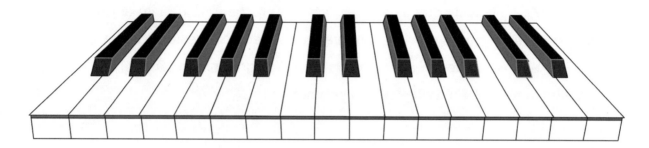

Trabajo en competencias

Trabajo individual

Dibujo de teclado del tamaño de una hoja 8.5 x 14 pulgadas

Materiales: 1 hojas blanca tamaño oficio (8.5 x 14 pulgadas), marcador o 7 lápices de diferentes colores, piloto o marcador de color negro.

Auxiliándote de la figura del teclado que aparece en esta página, dibuja una similar.

Escogerás los y 7 lápices de colores y seleccionarás uno diferente para cada tecla, por ejemplo, todos los dos deben de ir con el mismo color, así procederás con el resto de las teclas.

 Curiosidades

Sabías que el primer piano fue fabricado por el italiano Bartolomeo Cristofori en el año 1709, y lo llamó gravicémbalo col **piano** e forte.

Lección 16: Teclado del piano

Objetivo: Observa e identifica las notas alteradas en el teclado del piano.

Las notas naturales pueden ser alteradas por sostenidos, doble sostenido, bemoles o doble bemoles, y becuadros. El sostenido ♯ le aumenta medio tono a la nota natural, en el teclado del piano se aprecia como cuando la nota presenta sostenido se ejecuta en la tecla que se encuentra a la derecha, por lo tanto el **do** sostenido sería la primera de las dos teclas negras así sería con el resto de las otras salvo el **mi** y el **si**, que no tienen a su derecha teclas negras por lo tanto el **mi** sostenido sería el **fa** natural y el **si** sostenido el **do** natural:

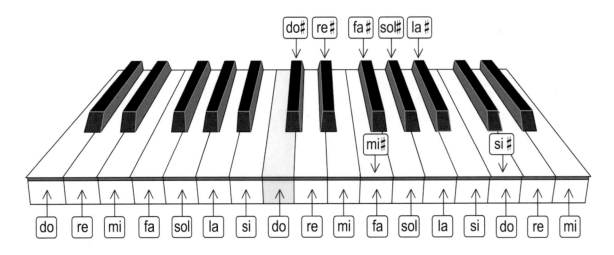

Actividad en clases

1. Observa la siguiente escala cromática musical en do mayor, escribe y señala mediante una flecha donde se ubican en el teclado cada una de las notas. Antes de comenzar a realizar la actividad recuerde ubicar el **do** central y a partir de ahí localizar el resto de las notas que aparecen en el pentagrama.

a. Interprétala al instrumento con la orientación de tu profesor.

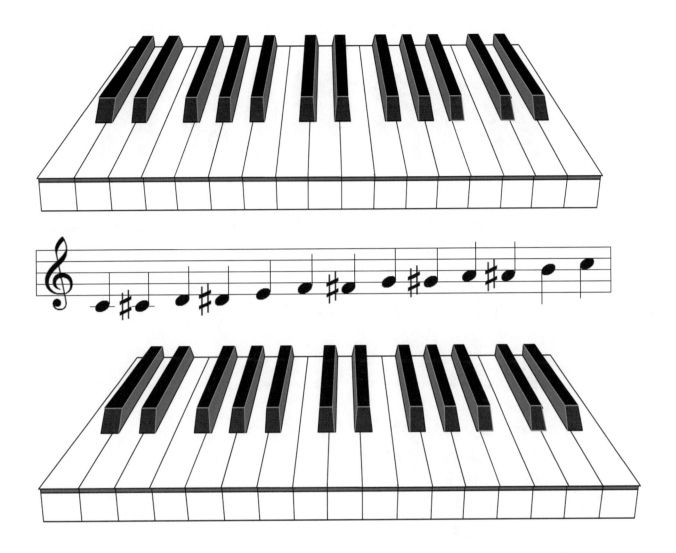

1. Sombrea con color azul y señala con una flecha en el siguiente teclado las siguientes notas musicales:

a. **si** sostenido (♯).   b. **mi** sostenido (♯).

b. Circula el **fa** sostenido (♯) y **do** sostenido (♯).

c. Sombrea con color verde **fa** becuadro (♮), **re** becuadro (♮), **la** becuadro (♮), y **mi** doble sostenido (𝄪).

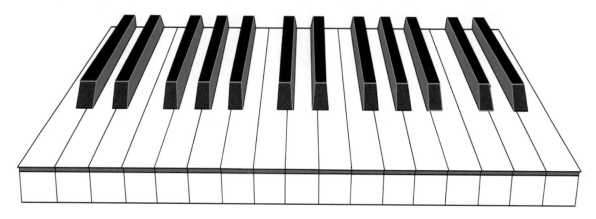

Sugerencias: Recuerda que el sostenido sube medio tono a la nota (dirección a la derecha), el doble sostenido sube un tono, el bemol baja medio tono (dirección a la izquierda).

2. En el siguiente teclado señale mediante una flecha las siguientes notas musicales:

a. **do** doble sostenido (✖)

b. **si** doble sostenido (✖)

c. **sol** sostenido (♯)

d. **re** becuadro (♮)

e. **mi** becuadro (♮)

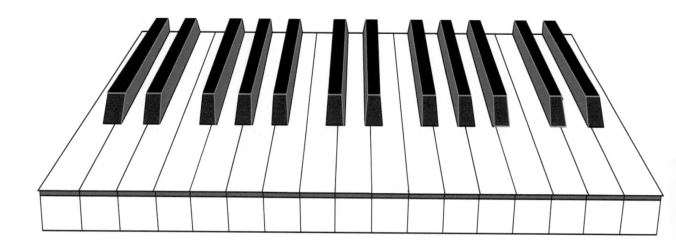

Lección 17: Escala musical

Objetivo: Identifica cada una de las notas en la escala musical.

La escala musical es un conjunto de sonidos, que va aumentando su grado en el registro musical. La escala es de gran importancia pues constituye parte de la técnica de cada instrumento para poder lograr una ejecuación adecuada, además de una excelente entonación y afinación tanto del instrumento como de la voz humana. Las escalas pueden ser mayores, menores armónicas y melódicas.

Observa el ejemplo de la escala de do mayor ascendiendo y descendiendo.

Esta escala es de **do** mayor no presenta ninguna alteración en la armadura de clave, ni tan siquiera notas alteradas de forma accidental.

La escala está dada por grados que se representan por números romanos, en el caso de la escala de **do**, el primer grado es la nota **do**, **re** sería el segundo, **mi** el tercero, **fa** el cuarto, **sol** el quinto, **la** el sexto, **si** el séptimo.

Ejemplo:

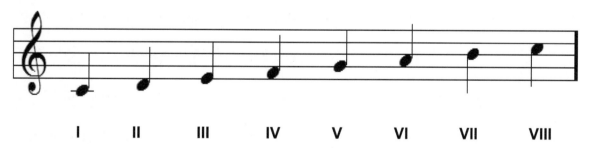

| I | II | III | IV | V | VI | VII | VIII |

Cada escala mayor presenta una relativa menor y esta última se saca contando tres grados hacia atrás, por ejemplo **do**, **si**, **la**, por lo tanto la relativa menor de la tonalidad **do** mayor es **la** menor.

Las tonalidades menores pueden ser armónica y melódica. Son armónica cuando presenta el quinto grado de su tonalidad mayor alterado, por ejemplo, el quinto grado de **do** es **sol** por lo tanto **la** menor armónica presenta el **sol** alterado**.**

La escala de **la** menor armónica que es la relativa menor de **do** mayor.

la   si   do   re   mi   fa   sol#   la   sol#   fa   mi   re   do   si   la

En el caso de **la** menor melódica posee el cuarto y quinto grado de su tonalidad mayor (**do mayor**) alterado que serían la nota **fa** y **sol**, pero descendiendo son naturales.

la   si   do   re   mi   fa#   sol#   la   sol   fa   mi   re   do   si   la

Trabajo en competencias

Trabajo grupal

Confección de un teclado de tres octavas

Materiales: Cartulina o papel manila, piloto de color negro, lápiz, tijeras.

Sugerencias: Guiarse por la figura de la página 52, pero que aparezcan 4 do (tres octavas)

Confeccionar un teclado del piano de 3 octavas y escriba el nombre de cada una de las teclas.

Encima de la cartulina traza con el lápiz la figura del teclado, recorta con la tijera el mismo de forma tal que se asemeje a un teclado original, utiliza el piloto de color negro para sombrear las teclas negras. Por último, escribe el nombre de cada una de las teclas encima de las mismas.

Lección 18: Escala musical

Objetivo: Representa en el pentagrama la escala de do mayor y la menor.

 Actividad práctica

1. Representa mediante el dibujo de las figuras musicales las siguientes escalas de formas ascendente y descendente:

   a. **do** mayor.

   b. Enumera en números romanos los grados de la escala en **do** mayor.

   c. Circula el cuarto y quinto grado en la escala de **do** mayor.

   d. Escribe en el pentagrama la escala de **la** menor armónica y señala el grado alterado.

   e. Escribe **la** menor melódica y señale y nombre los grados alterados.

   f. ¿Cómo diferencias la escala de **la** menor armónica de **la** menor melódica?

   _____
   _____
   _____
   _____

Escala de **do** mayor:

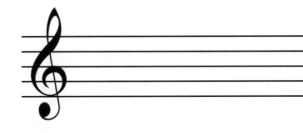

Escala de **la** menor armónica:

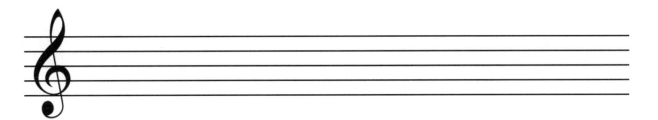

Escala de **la** menor melódica:

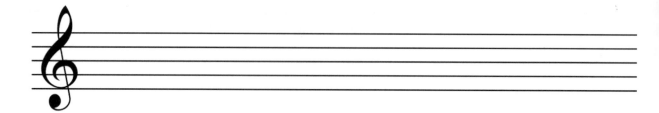

Actividad para el hogar

1. De las siguientes escalas que aparecen a continuación escribe el nombre de cada una y justifique qué características te permitió identificarlas.
2. Enumera los grados de cada escala mediante números romanos.
3. Circula con color azul el cuarto grado de la escala de **do** mayor y con un color rojo el quinto grado.

_____

_____

_____.

_____

_____

_____.

Lección 19: Escalas musicales

Objetivo: Interpreta al instrumento las escalas musicales.

 Actividad práctica

1. Interpreta al instrumento las siguientes escalas musicales con la orientación de tu profesor, escribe en la línea en blanco el nombre de cada una de ellas.

_____.

_____.

2. Ordena las siguientes notas musicales y construye la escala de **do** mayor, **la** menor armónica y **la** menor melódica de forma ascendente y descendente.

3. Escribe el nombre de la escala en cada caso.

4. Enumera cada grado de la escala con números romanos.

5. Establece una comparación entre la escala de **la** menor melódica y **la** menor armónica.

_____.

_____.

_____.

4. Escala de **la** menor armónica

Escala de **la** menor melódica

Lección 20: Compás binario

Objetivo: Analiza las características del compás binario.

Un compás es la porción de tiempo o la medida de los sonidos. Los compases se representan por medio de dos números en fracciones que se colocan después de la clave y separados por la tercera línea del pentagrama. Existen diferentes tipos de compases entre ellos los binarios, ternarios, cuaternarios y binarios con subdivisión ternaria. Un compás binario es el de 2 por 4, se marca a dos intervalos, es simple, la unidad de tiempo es la negra, la unidad de compás es la blanca pues llena el tiempo completo.

En **2/4** hay un tiempo fuerte (el primero) y uno débil (el segundo), por ejemplo: táta- táta.

El compás de 2/4 pueden entrar:

El compás de 2/4 se marca con dos pulsaciones uno abajo y otro arriba.

Actividad en clases

1. Observa los siguientes esquemas rítmicos y coloca en los espacios en blanco la figura que falta teniendo presente el valor de cada una de ellas.

a. Utilizando las palmadas marca el tiempo de cada uno de los compases.

6. En el siguiente pentagrama coloca la fracción numérica de 2/4 y las figuras musicales que complente el compás, recuerda dividir cada compás mediante una línea divisoria.

Lección 21: Compás binario

> **Objetivo:** Realiza lectura rítmica en base al tiempo de las figuras de notas y silencios en compás de 2/4.

Actividad práctica

1. Realiza los siguientes esquemas rítmicos en compás de **2/4** en el caso del primer tiempo darás una palmada fuerte abajo, en segundo lo harás débil y arriba, en el silencio musical abrirás las manos.

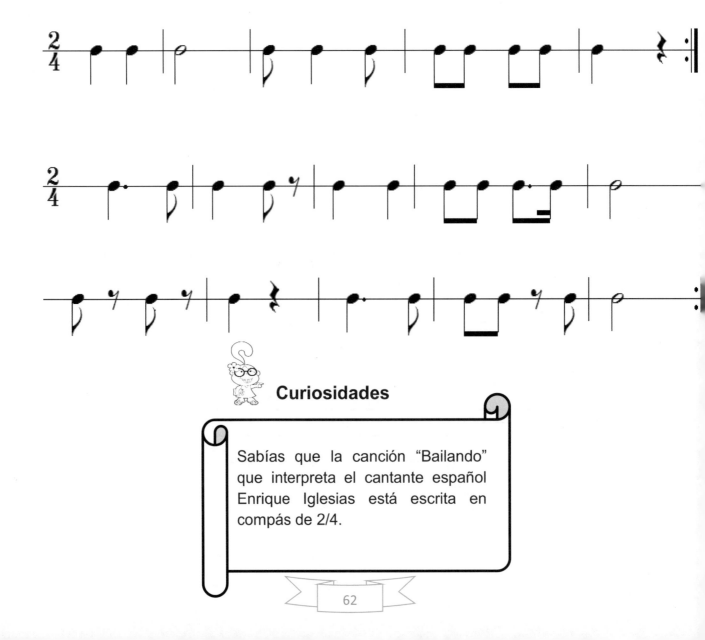

Curiosidades

Sabías que la canción "Bailando" que interpreta el cantante español Enrique Iglesias está escrita en compás de 2/4.

Lección 22: Compás binario

Objetivo: Separa mediante líneas divisorias los compases de 2/4

 Actividad práctica

1. Observa el siguiente fragmento musical y coloca las líneas divisorias de forma tal que separen cada uno de los compases en tiempo de 2/4.

2. Identifica cuál de estos fragmentos está escrito en compás de 2/4 y escribe en el rectángulo la fracciòn numérica del mismo .

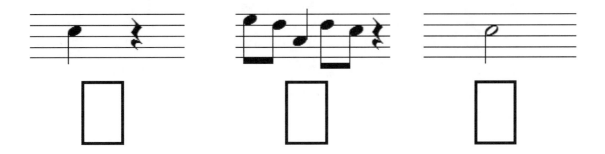

Lección 23: Compás binario

Objetivo: Interpreta composición musical en compás de **2/4**

1. Oberva la siguiente composición musical e interprétela al instrumento.

The Can - Can

Jacques Offenbach

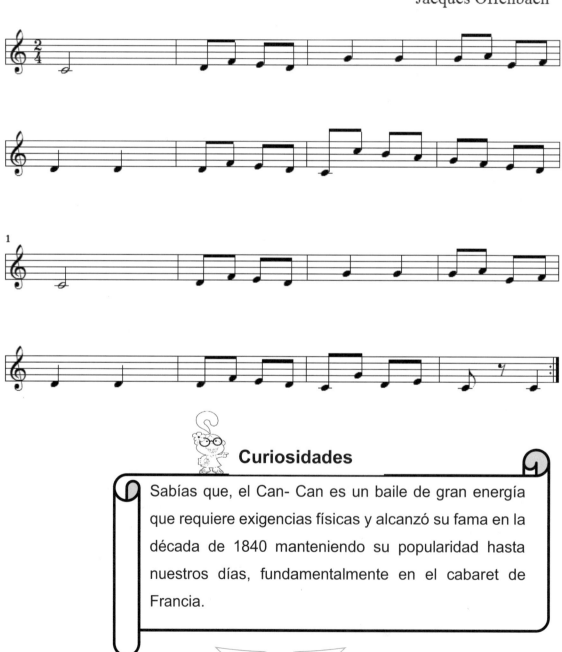

Curiosidades

Sabías que, el Can- Can es un baile de gran energía que requiere exigencias físicas y alcanzó su fama en la década de 1840 manteniendo su popularidad hasta nuestros días, fundamentalmente en el cabaret de Francia.

UNIDAD II

Objetivo de aprendizaje: Valora la música indígena como parte de nuestras raíces culturales mediante las múltiples manifestaciones observables.

Compás de
{
3/4 (ternario), cuaternario (4/4), y binarios con subdivisión ternaria (6/8).

La cultura musical
{
Manifestaciones musicales de los indígenas panameños.

Kuna, Ngobe---Buglé, Embera-Wounaán.

Instrumentos musicales autóctonos.

Competencias

Comunicativa:

❖ Desarrolla el hábito de la lectura para el enriquecimiento personal, cultural y profesional.

❖ Comunica de manera oral, escrita, visual y gestual los elementos del lenguaje musical.

Competencia pensamiento lógico matemático:

❖ Maneja estructuras básicas, conocimientos y procesos matemáticos, que le permiten comprender el valor de cada figura de nota y silencio musical.

Social y ciudadana:

❖ Manifiesta responsablemente, su identidad regional y nacional mediante la demostración de valores morales, éticos, cívicos y elementos socioculturales y artísticos que le permiten fortalecer el ser social.

Cultural y artística:

❖ Supone conocer, comprender, apreciar y valorar críticamente diferentes manifestaciones culturales y artísticas. Utilizarlas como fuentes de enriquecimiento y disfrute y considerarlas como parte del patrimonio de los pueblos enmarcados en el planteamiento intercultural donde tienen prioridad manifestaciones culturales y artísticas como resultado de las culturas heredadas.

❖ Valora la libertad de expresión, el derecho a la diversidad cultural, la importancia del diálogo intercultural, y la realización de las experiencias artísticas compartidas. Reconoce la pluriculturalidad del mundo y respeta los diversos lenguajes artísticos.

❖ Exhibe el talento artístico en el canto y la danza folclórica y lo utiliza como herramienta de sensibilización social.

❖ Posee capacidad creativa para proyectar situaciones, conceptos y sentimientos por medio del arte musical.

Indicadores de logro

❖ Completa correctamente figuras musicales, con su valor, y silencio de cada una.

❖ Distingue correctamente las figuras musicales dentro del pentagrama

❖ Enumera respetuosamente algunas características de las manifestaciones musicales indígenas panameñas, observadas en videos, revistas y eventos culturales.

❖ Presenta un portafolio destacando instrumentos musicales autóctonos utilizados por nuestros indígenas.

Contenidos

Conceptuales:

- ❖ Los compases de 3/4, 4/4, 6/8.

- ❖ Las manifestaciones musicales de los indígenas panameños. Kuna, Ngäbe-Buglé, Emberá—Wounaán.

- ❖ Los instrumentos musicales autóctonos.

Procedimentales:

- ❖ Aplicación y marcación correcta de cada uno de los compases: ¾, 4/4, 6/8 con una melodía conocida.

- ❖ Descripción de las manifestaciones musicales indígenas dentro del folklore panameño.

- ❖ Distinción de los instrumentos musicales autóctonos de los indígenas panameños y otros.

Actitudinales:

- ❖ Apreciación de diversas melodías de acuerdo al compás marcado en la pieza musical.

- ❖ Valoración de las diversas manifestaciones musicales indígenas panameñas, y su incidencia dentro de nuestro folklore.

Lección 24: Compás ternario

Objetivo: Analiza las características del compás en **3/4**.

El compás de 3/4 es ternario porque tiene 3 tiempos, se caracteriza por ser simple, se marca a tres intervalos. La unidad de compás es la blanca con puntillo (el equivalente del numerador) la unidad de tiempo es la negra (el denominador que es 4, numéricamente representa a la negra).

En el **3/4** el primer tiempo es fuerte, el segundo y tercero débil, por ejemplo: **tátara- tátara- tátara**.

El número de arriba o numerador indica la cantidad de figuras que van a entrar en cada compás o en cuantas partes se divide.

El número de abajo o denominador señala el tipo de figura.
Siempre el número cuatro va a representar la negra.

El compás de **3/4** se marca a tres pulsaciones la primera abajo la segunda a la derecha y la tercera arriba.

Actividad en clases

1. Observa el siguiente fragmento musical escrito en compás de 3/4 y dibuja en los espacios en blanco la figura que falta.

a. Utiliza las palmas y marca el tiempo de cada uno de los compases.

2. Observa los siguientes fragmentos musicales y completa el tiempo faltante, con las figuras que aparecen dibujadas en la parte inferior del pentagrama.

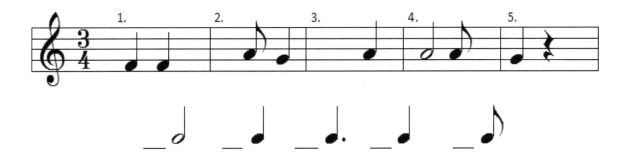

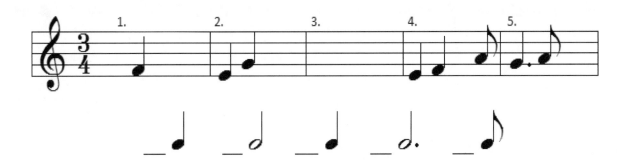

3. Completa los espacios en blanco mediante el dibujo de las figuras que corresponden al valor de la misma.

   a. Dibuja la figura de nota, que consideres que complete su respuesta.

En el compás de 3/4   pueden entrar:

3 figuras de _____

1 figura de _____

6 figuras de _____

4 figuras de _____ y   1 de _____

Lección 25: Compás ternario

Objetivo: Realiza lectura rítmica en base al tiempo de las figuras de notas y silencios en compás de **3/4**.

Actividad práctica

4. Realiza los siguientes esquemas rítmicos en compás de **3/4** en el caso del primer tiempo darás una palmada fuerte abajo, en segundo y el tercero serán débiles.

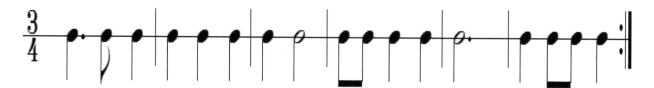

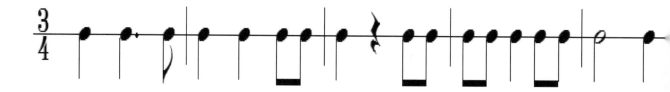

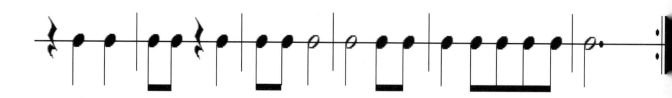

Lección 26: Compás ternario

Objetivo: Identifica los fragmentos musicales en compases de 3/4.

Actividad práctica

1. Observa los siguientes fragmentos musicales y coloca una X en el compás que consideres que tenga el tiempo completo.

2. Completa cada uno de los compases mediante el dibujo de figuras de notas y silencios .

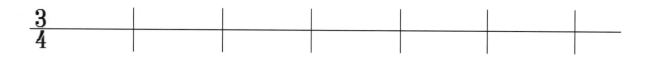

Trabajo en competencias

Trabajo individual

1. Crea un fragmento musical en compás de 3/4 o ternario. Ten en cuenta el valor de las figuras de notas y silencios y cuántas deben entrar en cada intervalo de tiempo, puedes utilizar los signos de prolongación. Recuerda dividir cada compás con una línea divisoria.

2. Investiga en internet nombres de piezas musicales nacionales e internacionales en compás de 3/4.

3. Confecciona un mural con las partituras seleccionadas por ti y tus compañeros en la actividad 2.

Lección **27**: Compás ternario

Objetivo: Interpreta composición musical en compás de 3/4.

Actividad práctica

1. Observa la siguiente melodía, analiza el compás e interprétela en tu instrumento.
2. Circula con un color o resaltador el compás que tiene el tiempo incompleto.

Home on the Range

Musica de Daniel E Kelley

Lección 28: Compás cuaternario

Objetivo: Analiza las características del compás de **4/4**.

El compás de 4/4 es simple, se marca a cuatro intervalos, la unidad de tiempo es la negra, la unidad de compás es la redonda pues llena el tiempo completo.

Se clasifica en cuaternario, pues tiene cuatro tiempos. Es fuerte el primer pulso, pero el tercero presenta una leve acentuación: tátatára- tátatára- tátatára

En el compás de 4 por 4 deben entrar:

El compás de **4/4** se mide a cuatro pulsaciones la primera abajo, la segunda a la izquierda, el tercero a la derecha y el cuarto hacia arriba.

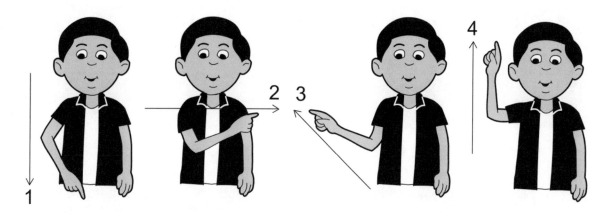

Actividad en clases

1. Observa los siguientes fragmentos musicales y coloca en los espacios en blanco la figura que complete el tiempo del compás.

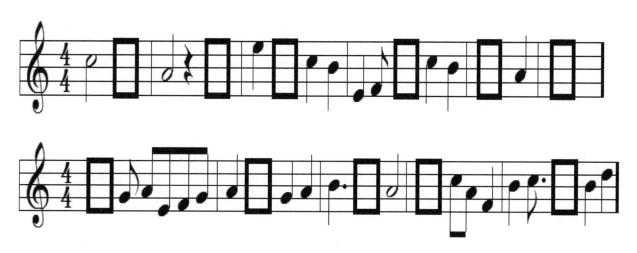

2. Observa los siguientes ejemplos y marca con una x , el que corresponda al compás de 4/4.

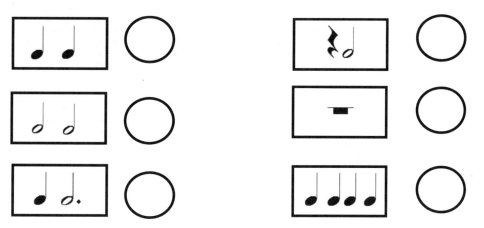

3. Dibuja la figura que complete el tiempo en el compás de 4/4.

4. Completa el siguiente cuadro con las respuestas correctas.

Compás de 4/4	Unidad de tiempo	Unidad de compás	Acentuación

Trabajo en competencias

Actividad individual

Crear una melodía en compás de 4/4 o cuaternario. Tenga en cuenta el valor de las figuras de notas y silencios y cuántas deben entrar en cada intervalo de tiempo, puede utilizar los signos de prolongación. Recuerda dividir cada compás por una línea divisoria.

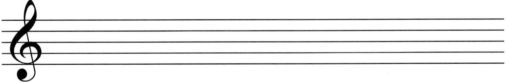

Lección 29: Compás cuaternario

Objetivo: Realiza lectura rítmica en base al tiempo de las figuras de notas y silencios en compás de 4/4.

Actividad práctica

1. Realiza los siguientes esquemas rítmicos en compás de 4/4 en el caso del primer tiempo darás una palmada fuerte abajo.

Actividad individual

Confecciona un esquema rítmico en compás de 4/4 utilizando las figuras de notas y silencios, puede agregarle los signos de prolongación.

Objetivo: Interpreta composición musical en compás de 4/4.

Actividad práctica

Con la orientación de tu profesor(a) interprete al instrumento esta melodía, recuerda medir el tiempo y analizar el compás en que está escrita.

Home on the Range

Musica de Daniel E Kelley

Curiosidades

Sabías qué la pieza musical Long, Long Ago fue creada, por el compositor, dramaturgo y escritor misceláneo inglés Thomas Haynes Bayly.

Lección 31: Compás binario con subdivisión ternaria

Objetivo: Analiza las características del compás en **6/8**.

El compás **6/8** es binario con subdivisión ternaria, lo que significa que se marca a dos intervalos pero con tres pulsaciones arriba y tres abajo, es decir se subdividen los dos tiempos de forma tal que entren tres corcheas en cada uno. Se caracteriza por ser compuesto porque es la unión de un compás de **2/4** con uno de 3/8. La unidad de tiempo es una negra con puntillo y la de compás es una blanca con puntillo. En el compás de **6/8** el numerador indica que entran 6 figuras y el denominador que son corcheas porque le número 8 representa esta figura. En el **6/8** entran tres corcheas por cada pulso.

El número de arriba o numerador indica la cantidad de figuras que entran en cada compás. Se marca en 2 tiempos subdivididos.

El número de abajo o denominador señala el tipo de figura. Siempre el número ocho va a representar la corchea.

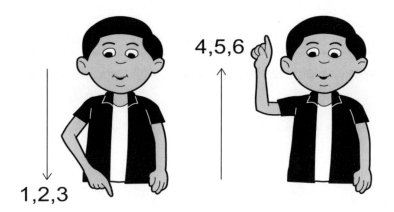

Actividad en clases

1. De la siguiente composición musical responda:

a. Tipo de compás: _____

b. Unidad de tiempo: _____

c. Unidad de compás: _____

d. Clasifícalo en simple o compuesto: _____

e. Mide el tiempo de cada uno mediante las pulsaciones de la mano.

Trabajo en competencias

Actividad individual

1. Investiga en internet temas panameños en compás de 6/8

2. Traer impresa la partitura del tema en 6/8 que buscó.

3. Marca el tiempo de la pieza musical seleccionada.

Lección 32: Compás binario con subdivisión ternaria

Objetivo: Realiza lectura rítmica en base al tiempo de las figuras de notas y silencios en compás de **6/8**.

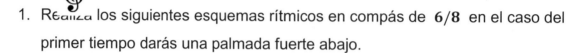

Actividad práctica

1. Realiza los siguientes esquemas rítmicos en compás de **6/8** en el caso del primer tiempo darás una palmada fuerte abajo.

Trabajo en competencias

Actividad individual

1. Investiga y busca en internet la partitura de una melodía internacional en compás de 6/8.

2. Imprime la partitura y pégala en el cuaderno de clases.

3. Marca el tiempo de la melodía seleccionada.

Lección 33: Compás binario con subdivisión ternaria

Objetivo: Separa los compases en 6/8 mediante líneas divisorias.

 Actividad práctica

1. Observa el siguiente fragmento musical y coloca las líneas divisorias que separen cada compás en 6/8.

Trabajo en competencia

Actividad grupal

Confecciona un mural con piezas musicales en compás de 6/8 del ámbito nacional e internacional.

Objetivo: Interpreta composición musical en compás de **6/8**.

 Actividad práctica

1. Observa la siguiente composición musical, analiza el compás, marca el tiempo e interpreta la melodía al instrumento.

Un lugar de verano

Percy Faith

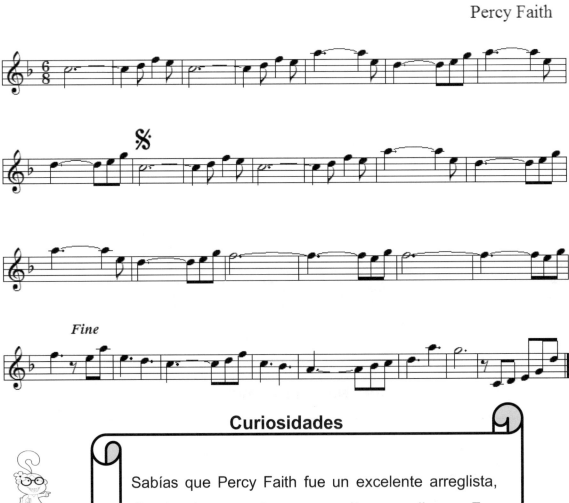

Curiosidades

Sabías que Percy Faith fue un excelente arreglista, director de orquesta y compositor canadiense. Fue considerado un niño prodigio, pues interpretaba el piano con destreza y precisión. Murió el 9 de febrero de 1976.

Lección 35: Compases musicales

Objetivo: Identifica el valor en cada compás y lo separa   mediante línea divisoria.

1. En los siguientes fragmentos musicales, traza las líneas divisorias en dependencia del compás en 3/4, 4/4 y 6/8.

2. Después de haber dividido los compases mediante las líneas divisorias, escribe cuántos compases te quedaron en cada caso.

3. Observa las figuras musicales que aparecen en los rectángulos y escribe en los espacios en blanco, qué compás musical representan si 3/4, 4/4 o 6/8.

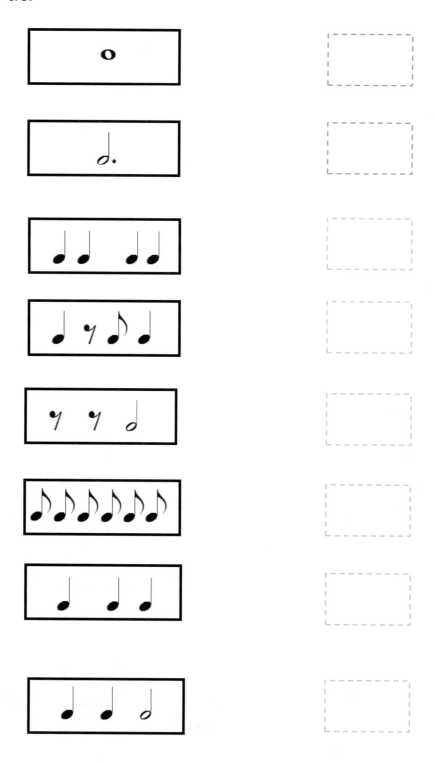

Lección 36: Compases musicales

Objetivo: Completa los compases mediante figuras musicales.

1. Observa los siguientes fragmentos musicales y completa el tiempo que falta dibujando la figura de nota o silencio correspondiente.

2. Escribe en el rectángulo el compás que le pertenece, a cada fragmento musical: 3/4, 4/4.

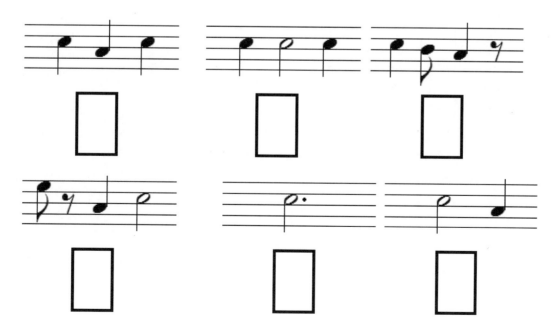

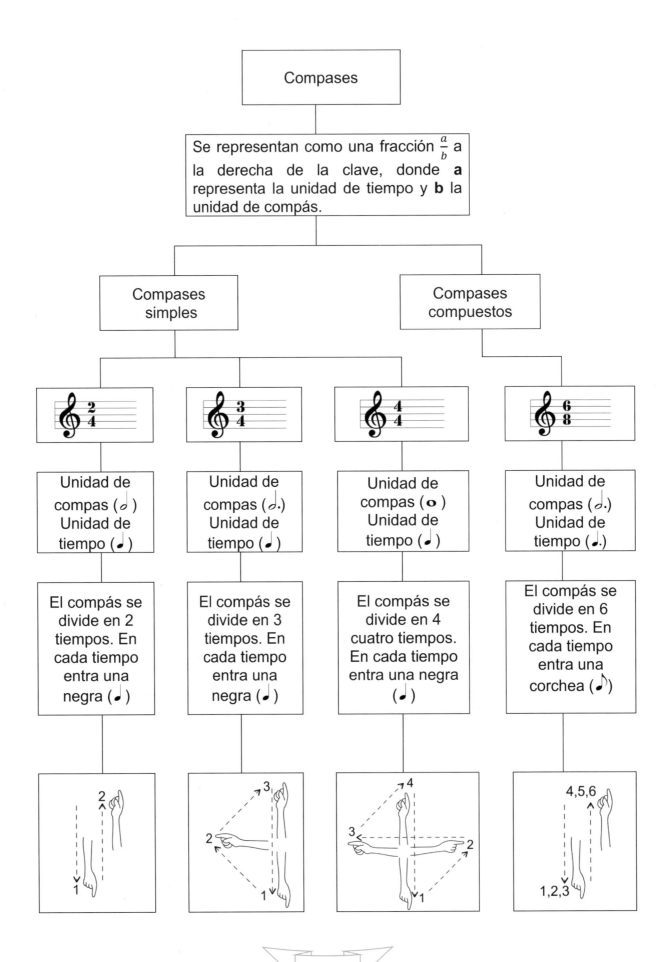

Compases

Se representan como una fracción $\frac{a}{b}$ a la derecha de la clave, donde **a** representa la unidad de tiempo y **b** la unidad de compás.

Compases simples

Compases compuestos

Unidad de compas (♩) Unidad de tiempo (♩)

Unidad de compas (♩.) Unidad de tiempo (♩)

Unidad de compas (o) Unidad de tiempo (♩)

Unidad de compas (♩.) Unidad de tiempo (♩.)

El compás se divide en 2 tiempos. En cada tiempo entra una negra (♩)

El compás se divide en 3 tiempos. En cada tiempo entra una negra (♩)

El compás se divide en 4 cuatro tiempos. En cada tiempo entra una negra (♩)

El compás se divide en 6 tiempos. En cada tiempo entra una corchea (♪)

Lección 37: Manifestaciones musicales de los Guna Yala

Objetivo: Conoce los instrumentos musicales de la comarca Guna Yala.

La cultura panameña ha tenido grandes influencias de las comunidades indígenas como, por ejemplo, guna yala, ngöbe buglé, emberá-wounaán.

Los gunas tienen varias hipótesis acerca del surgimiento de sus tradiciones musicales y danzarias, algunos consideran que influyeron sus ancestros, otros afirman que heredaron de sus dioses los instrumentos musicales.

En esta clase conocerás de muchos instrumentos utilizados por esta comarca, por ejemplo el nasisi llamado por nosotros maracas las que son usadas por las mujeres gunas con el objetivo de dormir a sus bebés y en varias danzas.

El Kammu purrui es otro de sus instrumentos. Su tamaño depende de la edad del ejecutante. Lo utilizan los hombres para acompañar a las damas en sus danzas, que conjuntamente con el nasisi (maraca), ponen ritmo a sus bailes destinados a resaltar la presencia de la naturaleza como los vuelos de las aves, el viento, el mar, los ríos.

En el siguiente cuadro aparecen ejemplos de instrumentos perteneciente a la comarca Guna Yala, aquí podrás analizar sus características bajo la orientación de tu profesor (a).

Instrumentos de los Guna Yala	
Instrumentos:	Características:
La flauta de pan o sikú	El sikú es una flauta de pan tiene una melodía similar a una flauta, está constituída por varios tubos confeccionados de caña, por un lado están cerrados. Se utiliza en celebraciones para rituales de cambio de temporada seca y de lluvia.
El Kammu purrui	El Kammu purrui es otro tipo de flauta de pan considerado aerófono de soplo de tubos cerrados, se confecciona con caña y se caracteriza por no presentar huecos, está formado por dos grupos de tubos, uno de cuatro, que se le denomina Kammu macho y el otro de tres que sería el Kammu hembra. Cada grupo de tubos están unidos entre sí por cuerdas y a su vez se ensamblan por una cuerda más larga. El intérprete lleva una cuerda pasada por el cuello y en cada extremo un kammu. Lo utilizan los hombres en las festividades con el fin de acompañar a las mujeres en las danzas.
El nasisi (maraca)	El nasisi es otro instrumento utilizado por los gunas, se confecciona con calabaza o zapallo, se le introducen elementos sonoros como por ejemplo: semillas, pequeñas piedras, pedazos de vidrios, arroz, presenta un mango que es un hueso de venado que atraviesa la fruta seca atado al nasisi mediante amarras hechas de un cordón delgado. El nasisi las mujeres lo usan en cantos de cuna para los niños y los hombres para sus festividades.

Tolo macho y tolo hembra 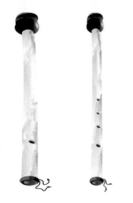	El tolo se clasifica en tolo macho y tolo hembra se fabrica de caña de bambú. El macho presenta un agujero en la punta y produce dos sonidos graves, el tolo hembra, es de menor diámetro, posee 4 agujeros, su sonido es más agudo y variado. Esta flauta presenta adherida en uno de sus extremos un emplasto de cera negra en forma cónica, y en el otro una pluma de quecos la que funciona como boquilla. Se utiliza para ritos cunas.
Pirkok: Silvato resonador, flautas sin canal de insuflación. 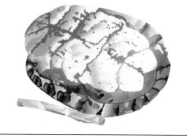	El "pirkok" es un aerófono de soplo utilizado por las gunas, estos se confeccionan con la semilla del árbol cuyo nombre también es "pirkok". Realmente el pirkok es un silbato y los niños varones utilizan como juguete.
Ñele 	El ñele es realmente un caparazón de tortuga, es utilizado en la danza ceremonial inna suit (cortarle el cabello) a la niña en la pubertad.
Kerke kala	Kerke kala es un idiófono de percusión por sacudimiento de objetos, consiste en un collar de flautas finas con canal de insuflación hechas de huesos del ala de pelícano, combinados con antenas de langosta marina. Todas estas estructuras están ensartadas en hilera en una sola cuerda que se mueven y producen un doble sonido como flautines. Es utilizado para danzar en un ritual llamado *Inna* Wil'l<u>a</u> en el mismo se les corta el cabello a las niñas cuando llegan a la pubertad.

Morpep-tudu	El "morpep-tudu": es una trompeta natural, como puedes observar es un caracol, que presenta un agujero bucal sin boquilla. El nombre de morpep-tudu. Proviene de "morpep" que significa caracol grande y de "tudu" voz onomatopéyica de lengua cuna o lo que es lo mismo imitación de un sonido de la naturaleza. Las gunas lo usan sólo para dar señales. Este instrumento es utilizado como señal de alerta, para que la comunidad esté al tanto a algo que acontecerá.
El "kupu 	El "kupu" clasificado como un aerófono libre, pariente del disco zumbador que, en lugar de disco, hace girar dos semillas perforadas que suenan agradablemente. Se utiliza como juguete para los niños varones gunas, pero les está prohibido jugar de noche. El instrumento recibe el nombre de "kupu" por las semillas del árbol de ese nombre, que se utilizan en su fabricación. Para las niñas gunas es tabú el juego del "kupu". Las semillas del "kupu", que son sólo dos, son atravesadas por hilos que se sujetan entre los dedos de manera semejante.

Curiosidades

Sabías que la comarca Guna Yala tiene varias festividades, entre ellas, inna suit, el kantule o dislaigala y la fiesta del inna-muutiki.

L	A	U	D	E	P	I	A	N	O	T
M	E	S	I	K	Ú	G	U	I	T	O
U	D	P	I	R	K	O	K	A	R	L
C	H	E	L	Ñ	U	V	I	O	L	O
M	O	R	P	E	P	T	U	D	U	F
T	A	M	B	L	U	I	T	D	E	O
M	I	L	E	E	F	A	Y	A	C	A
O	K	E	R	K	E	K	A	L	A	G
N	A	S	I	S	I	R	A	C	I	M
K	A	M	M	U	P	U	R	R	U	I

1. Identifica, en la sopa de letras, las palabras que concluyan las oraciones:

a. Instrumento fabricado del caparazón de la tortuga: _____.

b. Consiste en un collar de flautas finas, fabricada de huesos de pelícano y combinados con antenas de langosta marina: _____.

c. Trompeta natural hecha de caracol: _____.

d. Flauta clasificada en macho y hembra :_____.

e. Instrumento fabricado con calabaza o zapallo: _____.

f. Instrumento denominado flauta de pan: _____.

g. Flauta de pan fabricado con dos grupos de tubos: _____.

h. Silbato utilizado por los niños gunas como juguete: _____.

i. Aerófono pariente del disco zumbador: _____.

Trabajo en competencia

Trabajo individual

1. Investiga en qué consisten cada una de las festividades de la comarca Guna Yala.
2. Confecciona un mural con figuras y fotos de las festividades de la comarca Guna Yala.

Lección 38: Confección de instrumentos de la comarca Guna Yala

Objetivo: Construye un sikú instrumentos de los aborígenes Guna Yala.

 Actividad práctica

Sugerencias: Se sugiere utilizar una tablita con el fin de colocarla encima de la superficie de la mesa donde va a trabajar para hacer más fácil los cortes. Ir a la página 92 donde se encuentra el instrumento dibujado.

Observaciones: Los estudiantes podrán construir los dos tipos de sikú, el lira de 6 tubos y el arca de siete tubos.

El sikú es uno de los instrumentos utilizados por los gunas, está compuesto por varios tubos de diferentes tamaños, colocados uno al lado del otro y en orden ascendente es decir de menor a mayor. Su extremo inferior está tapado y estos están sujetados a dos pequeñas tablas una de cada lado.

En esta clase construirás los dos tipos de sikú el Ira de 6 tubos y el arca de siete tubos.

Materiales: Caño de pbc o una caña de bambú, piloto, tijera, cegueta o sierra de dientes chicos, hilo de naylon o de pescar, regla graduada, tablillas planas del mismo tamaño que pueden ser de caña o de madera pulidas y lijadas de poco espesor no más de 2 mm con una ranura en uno de sus extremos de poco, caucho o corcho para uno de los extremos, papel de lija, y un exacto.

Procedimientos para la confección del arca (sikú de siete tubos)

1. Marca mediante la regla graduada el tubo de pbc con estas medidas:

10 cm, es la nota si; **13** cm, es sol ; **15** cm, es mi ; **18** cm, es do; **26** cm, es fa sostenido; **31**cm, es re.

2. Corta con la cegueta de forma circular cada tubo, trate de ir girando el mismo

3. Elimina lo grotezco de los dos extremos con un exacto y después paselé el papel de lija de forma perpendicular, y hacia la parte interior para eliminar la aspereza.

4. Pon uno de los tubos sobre el caucho o corcho y marcar a la medida de la boca del tubo de pbc para de inmediato cortar con el exacto por los extremos, ya listo su tapón lo va a introducir a presión en su tubo (de esto depende el éxito del sonido), se puede ayudar empujando el corcho con su propio dedo u otro tubo más delgado.

5. Repite el procedimiento anterior con cada uno de los tubos.

6. Coloca los tubos de forma escalonada de mayor a menor.

7. Agarra una de las tablillas, recuerde que debe tener en uno de sus extremos una ranura para colocarle el hilo.

8. Amarra el hilo de naylon al extremo de una de las tablillas (en la ranura) y deje un pedazo libre para el atado final.

9. Agarra la tablilla del paso 8 con el hilo hacia abajo y le agregas el tubo de mayor tamaño.

10. Coloca encima del tubo la otra tablilla, cruce el hilo y pásalo por la tabla inferior, de forma perpendicular, y después en forma diagonal (x).

11. De esta forma vas colocando los tubos de mayor a menor.

12. Después de tener entrelazado todos los tubos, le darás al final una vuelta al hilo a todo alrededor del instrumento hasta hacerle un nudo con el hilo que te quedó suelto.

En este instrumento el fa es sostenido. Cada tubo se coloca en centro del labio inferior para que pueda salir el sonido.

Lección 39: Confección de instrumentos de la comarca Guna Yala

Objetivo: Construye instrumento de los aborígenes: el nasisi.

Actividad práctica

Sugerencias: Se sugiere que hasta el punto 4 lo desarrollen en casa.

Si no tiene coco puede sustituirlo por totumo.

Materiales: Calabaza o zapallo de pequeño tamaño y fresca , semillas, palo de madera aproximadamente más largo que el cuerpo del zapallo o rama de árbol, pegamento para madera, porotos o arroz, lija de papel de grano fino, varilla, barniz, pincel o brocha pequeña, barniz.

Procedimientos:

1. Toma una calabaza o zapallo fresco.
2. Perfora un hueco por el extremo estrecho.
3. Raspa el zapallo por dentro con cuidado tratando de sacar sus semillas y el resto se puede ayudar de la varilla .
4. Coloca el zapallo en un lugar donde puede llegar el aire y el sol cuidando de los insectos para que no penetren.
5. Espera un tiempo de aproximadamente 10 días para que el zapallo seque.
6. Para su decoración puede pintar el zapallo con barniz y hacerle algún diseño con otro tipo de pintura o roturarla, este procedimiento lo harás con cuidado pues la cáscara de la fruta es muy delgada.
7. Procede a introducir las semillas, el éxito del sonido depende de la cantidad y cualidad de las semillas que deposite.
8. Introduce el palo de forma tal que cubra el cuerpo del zapallo quedando fuera por donde lo agarrará.
9. Pega el palo con la goma para madera.

Lección 40: Manifestaciones musicales de los Ngäbe-Buglé

Objetivo: Conoce los instrumentos de la comarca Ngöbe-Buglé.

Los Ngäbe-Buglé son otra de las comarcas indígenas de nuestro país, tienen su cultura peculiar con danzas y cantos relacionados con la naturaleza, para los cuales utilizan instrumentos específicos como, por ejemplo, el moga kagrogo, la ocarina, el tolero y la maraca.

Podemos encontrar en este grupo indígena otros instrumentos incluso algunos coinciden con los de los Guna Yala pero con nombres diferentes por ejemplo el ton (maraca) que en los gunas es llamado nasisi, morragala que es el caparazón de tortuga que en los gunas denominan ñele, el drúbolo (caracol) en los gunas se le nombra morpep-tudu.

En el siguiente cuadro observarás cada uno de los instrumentos de los Ngäbe-Buglé y las características de cada uno.

Instrumentos utilizados por los Ngäbe-Buglé	
Instrumentos	Características
Tolo macho y tolo hembra	Tolo macho y tolo hembra en los guaimí de Veraguas, flautas de caña el macho presenta un agujero en la punta y produce dos sonidos graves y el tolo hembra, es de menor diámetro, posee 4 agujeros, su sonido es más agudo y variado.
Morragala (caparazón tortugas)	El morragala es un idiófono de frotación cuyo borde pectoral anterior es engrasado con cera negra, con el fin hacerlo sonar, mediante la frotación con la mano hasta lograr un sonido penetrante y agudo. El morragala es utilizado en las fiestas llamadas balsería.
Dru, yusa o troma. Metalófono de resonancia bucal.	La yusa es un idiófono con un marco en forma de lira griega y sus brazos están ubicados muy cerca, tiene una lengüeta de metal ligada al marco por la raíz, este último se introduce en la boca y se agarra con los dientes, mientras tanto la cavidad bucal desempeña la función de resonador haciéndose vibrar punteando la lengüeta con un dedo. La fabrican con un pedazo de alambre grueso que achatan a golpes. Se utiliza en rituales que se llevan a cabo en los Velorios de Cacao para ahuyentar a las brujas, esto sucede durante 4 noches, también es utilizado como entretenimiento.

Arco musical	El arco musical es un cordófono simple, parecido al arco del arma, se le saca sonido a la cuerda apoyando una esquina del arco en la boca abierta y por otro lado se va punteando la cuerda con el dedo para producir vibración. Se confecciona mediante una vara blanda de madera. Los Ngäbe-Buglé lo utilizan no solo como instrumento sino también como arma.
Ton	El ton es clasificado como un idiófono de percusión por sacudimiento del subgrupo de los sonajeros huecos, se fabrican de un zapallo o calabazo pequeño y seco al cual se le introducen semillas de plantas, también posee un mango de palo mediante el cual se sostiene y lo sacuden. Se utiliza en sus rituales religiosos y en las danzas.
El "nibí-grotu":	El "nibí-grotu es una trompeta natural sin boquilla en el orificio receptor, se confecciona de cuernos o cachos de ganado vacuno, de ahí su nombre porque "nibi" significa en guaimí vaca. Se utiliza en fiestas de balserías.
Disco zumbador	El disco zumbador es un aerófono, está formado por un disco delgado que puede ser de varios materiales por ejemplo de cartón, presenta una resistencia dura, a este disco se le perforan dos agujeros en el centro y se les atraviesan un hilo, que con un movimiento de tensión y aflojamiento se van encogiendo y estirando y de esta manera el disco va girando y a la vez zumbando. Es utilizado por diversión.
El "tóleró":	El "tóleró": es una flauta con canal de insuflación, posee cuatro agujeros con una abertura en el extremo del tubo. Se confecciona de hueso de tigre o de venado. El canal para

	llevar el soplo está confeccionado de un tapón de cera negra. Su longitud es de 19 centímetros aproximadamente. Su sonido es profundo y triste.
El "norá":	El "norá": es una flauta con aeroducto longitudinal, presenta cuatro orificios, de un tapón de cera negra. Se confecciona de tallos vegetales tubulares, su tamaño oscila entre 52 a 54 centímetros de longitud y 1 ½ cm de diámetro. Un extremo de este instrumento está abierto. Los Ngäbe-Buglé la fabrican también huesos largos de venado. Es más largo que el tóleró.
Tambor o "cadre"	El tambor cadre es un membranófono que se caracteriza por presentar dos cueros, pero el que vibra es el cuero superior pues el inferior se mantiene suspendido. Este tambor se ejecuta con los dedos o las manos y se usan en las fiestas de balserías y en el baile llamado Toro, en el centro del círculo de los bailadores se ubica el cantor con el ton (maraca) y el que interpreta el cadre.
	La ocarina o dobo – drue es un instrumento de viento pequeño es un idiófono de punteado o linguáfonos los Ngöbe-Buglé o guaimí lo fabrican de arcilla o de hueso, pero en la actualidad lo podemos encontrar fabricado de diversos materiales, como por ejemplo madera, plástico o metal. Su forma es ovoide y con un leve alargamiento, aunque las podemos encontrar también redondas, o tubulares. Se utiliza en rituales y ceremonias.
Drúbolo: (caracol)	El drúbolo es la trompeta de caracol de los Ngäbe-Buglé similar al de las gunas, es utilizado en las fiestas de balsería en la que se realiza una competencia ritual que se lleva a cabo entre los grupos dominantes y marcan liderazgo.

Actividad en clases

1. Resuelva el siguiente crucigrama.

Horizontales

1   Tambor usado en fiestas de balserías y en el baile llamado Toro.

3   Trompeta de caracol de los Ngäbe-Buglé.

4   Flauta que presenta cuatro orificios, de un tapón de cera negra.

6   Instrumento fabricado de un zapallo o calabazo pequeño y seco.

7   Cordófono simple, parecido al arco del arma.

Verticales

2   Instrumento de viento cuya forma es ovoide con un leve alargamiento.

5   Flauta confeccionada de hueso de tigre o de venado.

8   Idiófono con un marco en forma de lira griega cuyos brazos están ubicados muy cerca.

9   Instrumento fabricado del caparazón de tortuga.

10 Trompeta confeccionada de cuernos o cachos de ganado vacuno.

11 Instrumento formado por un disco delgado perforado con dos huecos en el centro.

Curiosidades

Sabías que en la comarca Ngöbe-Buglé es característico el Jeguí, este es un canto y baile en pareja que imitan a los cangrejos, homenajeando así a la naturaleza y la preservación de sus especies. Las mujeres para practicar estos bailes se atavían con chaquira, peinetas y cintas a colores, sin embargo, los hombres se colocan hermosos sombreros con plumas, chaquiras y pañuelos a colores.

Trabajo en competencias

Actividad individual

Fabricar disco zumbador

Sugerencias (puede utilizar como disco un cartón de papel higiénico recortados, tapas de botellas aplastadas, o pedazo frascos plásticos en forma de disco, todos con dos agujeros en el centro, botones de dos huecos). Podrán utilizar su creatividad y decorar el disco con colores.

Materiales: botones de dos huecos o cualquiera de los materiales mencionados, hilo (puede ser pabilo) con 4 palmas de la mano de distancia.

Procedimientos:

Introducir el hilo por uno de los huecos y sacarlo, por el contrario, unir las dos puntas y hacer un nudo.

Agarrar con ambas manos cada extremo del hijo, dejar que el disco cuelgue y comenzar a darle vueltas para que enrolle, se hará un movimiento de tensión y aflojamiento y el hijo se enrollará y desenrollará, por lo que girará y zumbará a la medida que coja velocidad.

Lección 41: Manifestaciones musicales de los Emberá

Objetivo: Conoce los instrumentos utilizados por la comarca Emberá.

La comarca Emberá - Wounaan también es conocida como chocó, se localiza en la parte este de Panamá. Las mujeres de emberá se caracterizan por su forma de vestir con faldas cortas y estrechas con vistosos colores, y en la parte superior van desnudas con dibujos corporales y faciales además de collares con chaquiras. Son consideradas las indias más bellas de América. En el caso de los hombres llevan taparrabos.

La música de los emberá es similar a un lamento, utilizan varios instrumentos tanto tradicionales y otros nuevos que se han incorporado.

Observe el siguiente cuadro en el que se representan los diferentes instrumentos utilizados por los emberá.

Instrumentos de los Emberá	
Tambora de dos cueros	La tambora de dos cueros es otro de los instrumentos utilizados por los emberá, se fabrica con cuero de venado. Se utilizan bolillos para su ejecución. Se utiliza en sus danzas, rituales del jaibanismo, cosmovisión emberá.
Tambora pequeña	Esta tambora es parecida a la de dos cueros, es muy pequeña de tal modo que se puede sujetar con una mano y golpear con la otra al estilo de una pandereta. Se utiliza en sus danzas, rituales del jaibanismo, cosmovisión emberá.
La requinta	La requinta es un tambor muy pequeño, parecido a los tambores de un solo cuero, presenta cuñas. Se ejecuta con palillos como la caja. Se utiliza en sus danzas, rituales del jaibanismo, cosmovisión emberá

Chogoró 	La churuca en la comarca emberá se llama chogoró y se confecciona de bambú. presenta forma cilíndrica y posee varios agujeros los que favorecen la resonancia. Se utiliza en sus festividades y ceremonias.
Chirú 	El Chirú, tipo de flauta que se confecciona de bambú, su tamaño puede variar, en algunos casos su largo rebasa el metro y medio. El intérprete del chirú utiliza además un instrumento parecido, pero más pequeño similar a un pito que lleva sujetado a su cinto. Se utiliza en sus festividades y ceremonias.
Chimiguí o caparazón de tortuga 	El Chimiguí o caparazón de tortuga es unos instrumentos percusión y para ejecutarlo se utiliza un palito. El caparazón que utilizan pertenece a la tortuga de río o conocidas como galápagos. Se utiliza como instrumento de percusión interpretando lindas melodías una de ellas la del sonido del colibrí.

Lección 42: Instrumentos de nuestros aborígenes

Objetivo: Identifica el nombre de los instrumentos en dependencia de las comarcas.

 Actividad práctica

Observa los siguientes instrumentos musicales de nuestros aborígenes y marque con una **X** qué comarcas lo utilizan. Escribe el nombre de cada uno de ellos en caso que coincidan en 2 o 3 etnias diferentes.

Instrumentos	Comarcas			
	Guna Yala	Ngäbe-Buglé	Emberá	Nombre

Instrumentos	Comarcas			
	Guna yala	Ngöbe-Buglé	Emberá	Nombre

Instrumentos	Comarcas			
	Guna Yala	Ngöbe-Buglé	Emberá	Nombre

1. **Pareo**. Una mediante líneas los instrumentos de la columna **A** con las figuras de la columna **B** que representan cada comarca. Para la comarca Guna utilizará color verde, los Ngäbe el azul y los Emberá el color rojo. Recuerda que los instrumentos pueden coincidir en los tres grupos de aborígenes.

A   B

UNIDAD III

Ubica y compara los diferentes aspectos folclóricos del territorio americano, desarrollando diversas actividades con el fin de promover el gusto por la música. Diferencia los instrumentos musicales variados según su clasificación y reconoce las distintas agrupaciones musicales y culturales de las instituciones dedicadas a desarrollar la cultura, valorando la música de América mediante los diversos ritmos musicales.

Folklore musical de América

> Orígenes, raíces musicales, instrumentos musicales del folklore americano.
>
> Ritmos musicales, cantos y bailes del folklore americano.

Interpretación vocal

> Cantos latinoamericanos.

La apreciación musical

> Las audiciones y los cantos.
> La voz humana como instrumento musical.
> La voz y su clasificación masculina y femenina.

Los instrumentos musicales

> Clases o secciones de la Orquesta sinfónica.
>
> De cuerdas. Viento (madera y metal).
> Percusión (de sonido determinado e indeterminado)
> Instrumentos invitados o especiales.

Las Agrupaciones instrumentales

> La orquesta sinfónica.
> La orquesta de cámara.
> Las bandas de música.
> Los conjuntos típicos.
> Las Bandas de jazz.

Las Instituciones Culturales de nuestro país

> Orquesta sinfónica
> Banda republicana
> Banda del cuerpo de bomberos
> Banda municipal
> Banda sinfónica universitaria.

Competencias

Comunicativa:

❖ Desarrolla el hábito de la lectura para el enriquecimiento personal, cultural y profesional.

Social y ciudadana:

❖ Manifiesta responsablemente, su identidad regional y nacional mediante la demostración de valores morales, éticos, cívicos y elementos socioculturales y artísticos que le permiten fortalecer el ser social.

Cultural y artística:

❖ Supone conocer, comprender, apreciar y valorar críticamente diferentes manifestaciones culturales y artísticas. Utilizarlas como fuentes de enriquecimiento y disfrute y considerarlas como parte del patrimonio de los pueblos enmarcados en el planteamiento intercultural donde tienen prioridad manifestaciones culturales y artísticas como resultado de las culturas heredadas.

❖ Valora la libertad de expresión, el derecho a la diversidad cultural, la importancia del diálogo intercultural, y la realización de las experiencias artísticas compartidas. Reconoce la pluriculturalidad del mundo y respeta los diversos lenguajes artísticos.

❖ Exhibe el talento artístico en el canto y la danza folclórica y lo utiliza como herramienta desensibilización social.

❖ Posee capacidad creativa para proyectar situaciones, conceptos y sentimientos por medio del arte musical.

Aprender a aprender:

❖ Muestra capacidad permanente para obtener y aplicar nuevos conocimientos y adquirir destreza.

Indicadores de logro

- ❖ Aporta ideas sobre los orígenes y raíces culturales del folklore americano de acuerdo a lo investigado.

- ❖ Nombra y compara gráficamente las semejanzas y diferencias que existe entre los instrumentos folklóricos de otros países con el nuestro.

- ❖ Explica oralmente en plenaria los aspectos más significativos de la monografía realizada.

- ❖ Aporta ideas sobre Las riquezas folklóricas latinoamericanas observadas en el video.

- ❖ Diseña creativamente cancionero con cantos de un país o colección de cantos latinoamericanos.

- ❖ Interpreta melodiosamente diferentes cantos latinoamericanos a una y a dos voces.

- ❖ Apoya con alegría diferentes puntos y trabajos la feria artística de bailes folklóricos latinoamericano.

- ❖ Enumera con respeto las características de las voces masculinas y femeninas.

- ❖ Nombra y diferencia respetuosamente las voces que forman un grupo de compañeros.

- ❖ Distingue las voces que forman la clasificación femenina y masculina.

- ❖ Define con sus palabras los conceptos cuerdos, viento, percusión, sinfónica.

- ❖ Nombra acertadamente la clasificación de los instrumentos de una orquesta sinfónica.

- ❖ Lista ordenadamente los instrumentos de acuerdo a su clasificación.

- ❖ Identifica las diferentes agrupaciones musicales instrumentales existentes en Panamá.

- ❖ Expone aspectos fundamentales y características de las diferentes agrupaciones instrumentales.

- ❖ Apoya la elaboración del mural, de manera colaborativa con información, anuncios o panfletos de Presentaciones de agrupaciones instrumentales.

- ❖ Nombra acertadamente las diferentes instituciones culturales que podemos encontrar en nuestro país.

Contenidos

Conceptuales:

❖ **El folklore musical de América.** Los orígenes. Raíces culturales. Los instrumentos musicales del folklore.

❖ **La apreciación musical.** Las audiciones y los cantos. La voz humana como instrumento musical.

❖ **Los instrumentos musicales**: Clases o secciones de la orquesta sinfónica: de cuerdas, viento (madera, metal). Percusión (de sonido determinado e indeterminado). Instrumentos invitados o especiales.

❖ **Las agrupaciones instrumentales:** La orquesta sinfónica, la orquesta de cámara, las bandas de música, los conjuntos típicos, las bandas de jazz.

❖ **Las instituciones instrumentales de nuestro país:** Orquesta sinfónica, banda republicana, banda del cuerpo de bomberos, banda municipal, banda sinfónica, universitaria, banda de la policía nacional, el conservatorio nacional de música. otros.

Procedimentales:

❖ Realización de audiciones de cantos utilizando como único instrumento la voz.

❖ Clasificación de las voces que integran los grupos vocales: masculino, femenino, mixto a capela.

❖ Descripción de la organización de una orquesta sinfónica.

❖ Identificación de los instrumentos que conforman una orquesta sinfónica y los invitados especiales.

❖ Clasificación de las diversas agrupaciones instrumentales tomando en cuenta sus características.

❖ Explicación de las funciones y características de las instituciones de las instituciones culturales existentes en el país.

❖ Diferenciación de las raíces culturales y los instrumentos musicales del folklore americano.

Actitudinales:

❖ Apreciación de la música folklórica americana desde sus orígenes, atendiendo las raíces culturales y los instrumentos que las caracterizan

❖ Valoración de la voz como instrumento musical.

❖ Interés en identificar y utilizar la voz como instrumento vocal para formar parte de un grupo coral. Apreciación por la música clásica que ejecuta la orquesta sinfónica.

❖ Apreciación de la variedad en cuanto a las diferentes agrupaciones instrumentales existentes.

❖ Admiración por las instituciones culturales localizadas en el territorio nacional.

Lección 43: El folklore musical de América

Objetivo: Conoce el origen y raíces del folklore musical de América.

El folklore musical de América tiene su origen en la música europea, africana y en elementos indígenas.

Los aborígenes de América ya tenían su cultura autóctona, los instrumentos eran fabricados con huesos de aves, cuernos de animales, caparazones de tortugas, de frutas secas y otros. A la llegada de la colonia española a América, se produjo una mezcla cultural, con el tiempo esta amumentó pues la mano de obra negroide esclavisada traída de África aportó gran variedad a la cultura con sus instrumentos, danzas, música, dándose así un fenómeno de transculturación. Por tal motivo en la actualidad los instrumentos del folklore musical de América es el resultado de una mezcolanza española, africana e indígena, de ahí su origen e influencia musical.

Instrumentos musicales del folklore americano:

El Kultrún: Tiene forma de media naranja, es hueco por lo que se le depositan pequeños objetos por ejemplo semillas, vidrios, monedas, piedrecitas y así de esta manera hace función también de sonajero. Lleva encima un cuero de cabra que lo tapa, y se amarra por los lados con cuero torcido o crin de caballo, está provisto además de un palillo que se utiliza para tocar sobre la piel. De origen africano.

Atabaque: Forma cilíndrica o levemente cónica muy parecido al tambor, fabricado de madera del árbol de jacaranda, la membrana es de pieles de animales o cuero. Origen africano.

Kultrún

Atabaque

Tun: Es un tronco de árbol grueso de madera dura, con forma de cilindro hueco en su pared superior posee una abertura en forma de "H" que forman dos lengüetas con diferentes sonidos, tiene un origen mesoamericano.

Birimbao: Tiene similitud al arco musical y se confecciona con una vara de madera de forma arqueada rústica pero flexible, lleva un alambre que se sujeta a los extremos, a esto se le agrega un zapallo que funciona como caja de resonancia, su origen es africano, es característico del Brasil.

Tun   Birimbao

Marimba: Está compuesta por diferentes tablas en varios tamaños organizadas de mayor a menor, con diferentes sonidos, se toca con baquetas con una armazón de caucho. Su origen es africano

Pinkullo: Flauta tradicional andina, es de interpretación masculina su ejecusión se lleva a cabo con una sola mano, mientras que con la otra se toca un tambor. Su origen es andino.

Marimba   Pinkullo

Ocarina: Forma ovoide algo alargada, se caracteriza por presentar ocho agujeros, aunque la podemos encontrar de dos, cuatro, seis y diez orificios, siendo esta última la más usual. Su origen está en la civilizacióin azteca de América del sur.

Manguaré: Compuesto de dos troncos uno más grueso que el otro, se toca con dos mazos de madera que presentan en la punta una cinta de caucho negro. Su origen es precolombiano.

Ocarina   Manguaré

Shekere: Se confecciona con una calabaza o zapallo, al que se le extrae toda la pulpa y se   reviste con una malla con semillas. Utilizado en muchos países de América como Estados Unidos, Brasil, Cuba. De origen africano.

Güiro o guachara: Se fabrica con zapallo o calabaza seca de forma alargada a la que se le hacen estrías y se toca con una barrilla metálica o tipo peine. Su origen es africano.

Shekere

Güiro

Rabel: Instrumento de cuerdas frotada, traído a América por los españoles, es el antecesor del violín. Según algunas bibliografías es de origen asiático.

Rondador: Es un modelo de sikú característico de Ecuador y del suroeste de Colombia. Es de origen andino.

Rabel

Rondador

Erkencho o erkecito: Está formado por un cuerno caprino o vacuno que forma el pabellón acústico, presenta una boquilla de 10 a 13 centímetros de largo. Su origen es de Bolivia es característico también en Argentina.

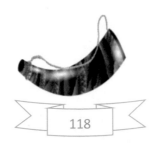

Actividad en clases

1. Encuentre la respuesta correcta en sopa de letras.

E	S	A	G	U	O	P	A	B	S
R	G	A	P	V	L	I	T	I	H
K	U	L	T	R	Ú	N	A	R	E
E	I	A	U	A	W	K	B	I	K
N	R	A	N	B	E	U	A	M	E
C	O	T	U	E	I	L	Q	B	R
H	T	O	S	L	A	L	U	A	E
O	I	E	A	C	I	O	E	O	F
A	F	R	I	C	A	N	O	R	I
M	A	N	G	U	A	R	É	Z	Q
O	C	A	R	I	N	A	D	I	S
R	O	N	D	A	D	O	R	O	A

 Curiosidades

Sabías que el instrumento llamado manguaré se escucha hasta 20 kilómetro de distancia. El manguaré fue creado para ceremonias, declaraciones de guerra, mensajes en las comunidades indígenas amazónicas.

1. Instrumento de origen africano en forma de media naranja:

_____.

2. Instrumento muy parecido al tambor: _____.

3. Instrumento formado por cuerno caprino o vacuno:

_____.

4. Instrumento con abertura en forma de H: _____.

5. Origen de la marimba:

_____.

6. Instrumento con similitud al arco musical: _____.

7. Flauta de interpretación masculina: _____.

8. Instrumento precolombino formado por dos troncos:

_____.

9. Instrumento con forma ovoide alargada: _____.

10. Instrumento que se fabrica con un zapallo alargado: _____.

11. Modelo de sikú de origen andino: _____.

12. Instrumento de cuerdas frotadas: _____.

13. Instrumento que se fabrica con una calabaza o zapallo:

_____.

Trabajo en competencias

Actividad individual:

De los instrumentos del folklore americano, selecciona los que tengan relación con los instrumentos de nuestro folklore.

2. Escribe las semejanzas y diferencias que existe entre el instrumento escogido con los nuestros.

3. Confecciona una guacharaca con los siguientes materiales:

Un tubo de plástico (PVC) de 30 o 35 centímetros de largo con 4 centímetros de diámetro, palitos de chuzo o brochetas y palitos de paleta, una segueta o un cuchillo dentado, goma fría, silicona, papel de lija, rollo vacío de papel higiénico, cinta adhesiva, regla, tijeras y marcador.

1. Teniendo en cuenta las medidas del tubo de PVC, proceda a cortarlo.
2. Lija con su papel las esquinas del tubo tanto por el interior como por el exterior.
3. Utiliza tu regla y con el marcador mida un centímetro de distancia las líneas o zanjas por donde serán las espirales de la guacharaca. Deje en cada extremo del tubo un espacio de 3 centímetros.
4. Con el cuchillo dentado procederás hacer las ranuras de la guacharaca, trate de no traspasar el tubo.
5. Lije la zona por donde realizó las ranuras de la guacharaca.
6. Procederás a decorar según tu gusto.
7. Toma cinco palitos de brochetas para confeccionar el gancho o peine de la guacharaca y córtele los extremos, deben quedar del mismo largo.
8. Corta con la tijera el tubo vacío de papel higiénico para desenrollarlo y le va a poner silicona por una de sus superficies.
9. Coloca encima de la silicona los palillos con una pequeña separación entre ellos, pero de forma tal que queden equidistantes.
10. Dobla el rollo por los lados y en el extremo inferior sobre los palillos de forma tal que quede como una envoltura tipo cabo.
11. Envuelve toda la parte del rollo con papel precinta para asegurar su firmeza.

Sugerencias: Confeccionar el instrumento en casa y decorarlo en clase.

Lección 44: Ritmos musicales, cantos y bailes del folklore latinoamericano

Objetivo: Conoce los ritmos musicales, cantos y bailes del folklore latinoamericano.

El folkore latinoamericano es el resultado de la interrelación de las culturas, española, africana e indígena. Cada pueblo de Latinoamérica tiene sus ritmos, cantos, bailes peculiares, pero con una base muy similar entre todos.

En el cuadro siguiente podrás observar cuales son los ritmos, cantos y bailes de cada país de Latinoamérica.

Países de Latinoamérica	Ritmos, cantos y bailes
Argentina	Tango, milonga, chacarera, malambo, carnavalito, **chámame**, gato.
Bolivia	La cueca
Brasil	Choro, samba, bossa-nova, tropicalismo, música popular, brasileña, música de pará, baião (música), música sertaneja.
Chile	Cachimbo, rin, sirilla, cueca chilena.
Colombia	Cumbia, mapalé, bullerengue, porro, **vallenato**.
Costa Rica	Tambito, parrandera, el tambito, el vals, el bolero, la cuadrilla, el calipso, el chiquichiqui, el mento, el corrido y la callera.
Cuba	Habanera, canto nuevo, el chachachá, el mambo, la nueva trova, rumba, guaguancó, bolero, danzón y danzonete, el son cubano y son montuno
República Dominicana	Merengue, bachata.

Ecuador	El pasacalle, yaraví, sanjuanito, tonada. Pasillo, música andina, y mientras que entre la música negra destaca la bomba del chota (música negra).
El Salvador	Cumbia salvadoreña.
Guatemala	La guarimba.
Honduras	La punta, chumba y hunguhungu.
México	El huapango, la canción ranchera, los jarabes, los corridos (populares también en Colombia), la banda sinaloense.
Nicaragua	Son nica, marimba, polka nica, mazurca, jamaquello, palo de mayo, garífuna y creole.
Panamá	Tamborito, cumbia, punto, pasillo, bunde y bullerengue, calipso, mento, palo de mayo.
Uruguay	Candombe uruguayo.
Paraguay	Guarania, la polka paraguaya.
Perú	Landó, la zamacueca, valses criollos.
Puerto Rico	Bomba y la plena.
Venezuela	Joropo, los llanos, gaita zuliana.

I. Identifica en la siguiente sopa de letras, los ritmos que pertenecen a cada país de Latinoamérica. Coloca al lado de cada país, el nombre del ritmo encontrado.

   a. Es uno de los ritmos característico de Argentina _____
   b. Ritmo característico de Bolivia _____
   c. Se baila en Brasil _____
   d. Considerado uno de los ritmos de Chile _____
   e. Ritmo característico de Colombia _____
   f. Uno de los ritmos de Costa Rica _____
   g. Es uno de los ritmos nacido en Cuba _____
   h. Ritmos de República Dominicana _____
   i. Ritmo ecuatoriano_____
   j. Ritmo salvadoreño _____
   k. Se baila en Venezuela _____
   l. Ritmo de Puerto Rico _____
   m. Ritmo característico del Perú _____
   n. Danza popular de Paraguay _____
   o. En Uruguay el ritmo es el _____
   p. Ritmo característico de Panamá _____
   q. Canción mexicana _____
   r. Ritmo característico de Honduras _____
   s. Ritmo de Guatemala _____
   t. Ritmo de Nicaragua _____

A	B	I	L	O	T	A	N	G	O	E	V	I	J	K	U	B
R	U	B	I	M	E	L	U	T	A	T	A	M	B	I	T	O
I	R	A	N	C	H	E	R	A	S	E	L	I	A	M	O	M
L	O	M	R	T	C	U	E	C	A	J	L	A	C	I	P	B
E	R	I	M	O	L	U	M	A	M	E	E	S	H	O	O	A
A	R	D	A	N	Z	Ó	N	C	B	U	N	E	A	H	L	E
T	U	C	H	U	M	B	A	H	A	L	A	F	T	E	C	I
I	R	A	T	M	U	S	I	I	T	A	T	U	A	F	A	I
C	A	N	D	O	M	B	E	M	E	J	O	R	O	P	O	L
U	R	A	S	I	T	A	M	B	O	R	I	T	O	I	L	A
F	L	A	N	D	O	R	T	O	N	A	D	A	E	L	C	T
C	U	M	B	I	A	S	A	L	V	A	D	O	R	E	Ñ	A
I	R	E	P	A	L	O	D	E	M	A	Y	O	P	E	L	W

Trabajo en competencia

Actividad en equipo

Organizados en varios equipos con cuatro integrantes.

Cada equipo escogerá un país de Latinoamérica, y se prepararán de la siguiente manera:

a. Se vestirán con el traje típico del país (o algo parecido)
b. Prepararán el baile del país escogido y apoyándose de su música danzarán.

2. Confección del mural de Latinoamérica.

Cada equipo llevará al salón figuras o fotos de bailes de cada país escogido, pueden anexar algunas curiosidades o costumbres de cada uno.

 Curiosidades

Sabías que la mayoría de las letras de las canciones latinoamericanas presentan diez líneas y estas a su vez poseen ocho sílabas, además son canciones que siempre recordamos pues suelen ser muy pegajosas.

Objetivo: Interpreta música latinoamericana de Chile.

Actividad práctica

Sugerencias: Acompañar la canción con su instrumental. Las estrofas se pueden dividir por sexo y en el coro unirse todas las voces.

Interpreta la siguiente composición musical latinoamericana, perteneciente al país de Chile.

Yo vendo unos ojos negros

Pablo Ara Lucena

Lección 46: Interpretación vocal

Objetivo: Interpreta música latinoamericana, son cubano.

 Actividad práctica

Sugerencias: Buscar en YouTube la canción días antes de la clase. Todos deberán cantarla juntos.

Interpreta la siguiente composición musical latinoamericana, perteneciente al país de Cuba. Su autor es Máximo Francisco Repilado Muñoz, conocido artísticamente por el seudónimo de Compay Segundo.

Chan Chan

Compay Segundo

DeAl to Ce dro voy_____ pa ra Mar ca né, lle goa Cue to, voy pa ra Ma ya ri.

DeAl to Ce dro voy_____ pa ra Mar ca né, lle goa Cue to, voy pa ra Ma ya ri.

DeAl to Ce dro voy_____ pa ra Mar ca né, lle goa Cue to, voy pa ra Ma ya ri.

El ca ri ño que_____ te ten go, no te lo pued do_____ ne gar.
Lim pia elca mi no_____ de pa ja, que yo me qui ro_____ sen tar.

Se me sa le la_____ ba bi ta no lo pue do e_____ vi tar.
en a quel tron co_____ que ve o ya si no pue do_____ lle gar.

Cuan do Juan ni cay_____ Chan_ Chan cer nian a re na_____ en el mar,

co mo sa cu di_____ ael ji be, a Chan Chan le da_____ ba pe na.

Lección 47: Interpretación vocal

Objetivo: Interpreta música latinoamericana. México.

Actividad práctica

Interpreta la siguiente composición musical latinoamericana, perteneciente al país de México, sus autores son: Quirino Mendoza y Cortés.

Cielito Lindo

De la sie - rra, mo re na cie li to lin do vie nen ba jan do___

___ un par deo ji tos ne gros cie li to lin do de con tra

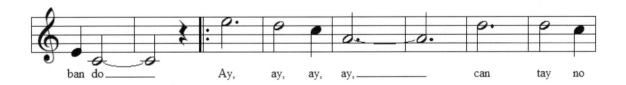

ban do___ Ay, ay, ay, ay,___ can tay no

llo res,___ por que can tan do sea le gran, cie_ ___ li to

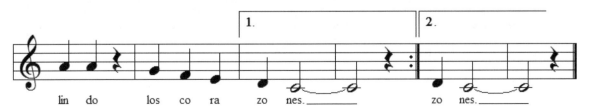

1.   2.

lin do los co ra zo nes.___ zo nes.___

Objetivo: Interpreta música latinoamericana. Panamá.

Actividad práctica

1. Interpreta al instrumento y canta la siguiente composición musical de nuestro folclore panameño.

Julia pela la yuca

Julia, Ju lia pe la la yu ca, Julia, Ju lia pe la_el o tó. Ju lia,

Ju lia pe la la yu ca, por que_el ña me no se_a blan dó. Ju lia, Ju lia pe la la yu ca,

Ju lia, Ju lia pe la_el o tó. Ju lia, Ju lia pe la la yu ca por que_el ña me no se_a blan dó.

Lección 49: Las voces de grupos corales

Objetivo: Menciona las características de las voces femeninas y masculinas.

Sugerencias: Apoyar la clase con ejemplos de grabaciones tales como: en soprano: Madame Butterfly de Puccini, mesosoprano escuchar fragmento de la ópera Carmen de Georges Bizet, para contralto el oratorio. Elías de Mendelssohn, para tenor pueden escoger una canción interpretada por Pavarotti, Barítono: Pizaro en Fidelio Beethoven.

El canto es un arte que ha venido acompañando a los seres humanos desde su creación. La emisión de la voz en el canto se logra mediante los órganos fonadores que estos a su vez están compuestos por estructuras que componen órganos de respiración, fonación, y articulación.

Para determinar la calidad de las voces es necesario llevar a cabo audiciones, estas pueden ser grabadas o en vivo y es importante aplicar en las mismas técnicas de relajación.

Las voces humanas constituyen el instrumento musical más antiguo, su importancia radica en que permiten incorporar palabras a los diferentes ritmos y melodías.

Los grupos vocales están integrados por diferentes voces: femeninas, masculinas, y mixtas, todas pueden interpretar melodías con acompañamiento instrumental o sin acompañamiento que es lo que se le llama a capela.

Las femeninas integradas sólo por mujeres, masculinas por hombres, las mixtas por ambos tanto femeninas como masculinas.

Las voces femeninas se clasifican en: soprano, mezzosoprano y contralto. Cada una de ellas canta en un registro musical diferente que es lo que llamamos tesitura.

Soprano: Es una voz con tesitura aguda con un timbre claro y brillante, expresiva, es potente, en cantos de coros siempre llevan la melodía.

Mezzosoprano: Es más grave que la soprano, considerada una voz con tesitura media,

Contralto: Voz de tesitura grave, se caracteriza por presentar abundante sonoridad y un amplio registro grave con un timbre noble. Esta es una voz que se no se encuentra con frecuencia

Las voces masculinas se clasifican en: tenor, barítono y bajo.

Tenor: Se caracteriza por ser una voz con tesitura aguda, menos sonora.

Barítono: Es más grave que la del tenor es una voz de tesitura media, muy sonora, de carácter.

Bajo: Voz de tesitura grave, se reserva para papeles con personajes para voz potente.

En clases el docente debe probar las voces de cada uno de sus alumnos para seguidamente formar el coro, para llevar a cabo este proceso se auxiliará de un teclado y lo hará de la siguiente manera:

Para agrupar las voces primero comenzará con el registro más agudo, esto es en el caso de las voces femeninas, e irá probando primero identificará las voces de soprano: del **do** central a **la**, las mezzosoprano o voces medias, irían de **la** grave a **fa,** y voces graves o contraltos de **fa** grave al **re** de la cuarta línea.

Para las voces masculinas se comenzaría a clasificar por el tenor del **si** en clave de **fa** o si grave hasta **sol** del registro central, barítono del **sol** en clave de **fa** hasta el mi central **y** el bajo del **mi** hasta el **do** central.

Una vez formado el coro por sus voces, estarán listo para comenzar a cantar.

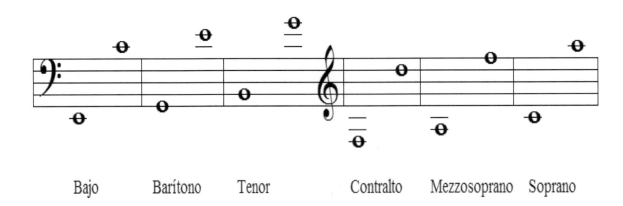

Bajo   Barítono   Tenor   Contralto   Mezzosoprano   Soprano

Actividad en clases

1. Complete el siguiente mapa conceptual relacionado con las voces humanas.

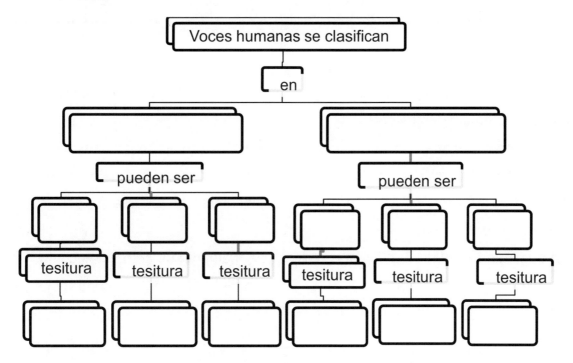

Trabajo en competencia

Actividad individual

1. Investiga el nombre de cantantes nacionales e internacionales que presenten las voces que has escrito en el mapa conceptual.

2. Escucha en el canal de YouTube cada uno de los cantantes seleccionados.

3. Confecciona un mural con fotos de intérpretes y escriba la clasificación de las voces de cada uno de ellos.

Lección 50: Clases o secciones de la Orquesta Sinfónica

Objetivo: Identifica las secciones de la Orquesta Sinfónica.

La Orquesta sinfónica es una agrupación musical de gran tamaño, caracterizada por presentar varias familias de instrumentos, tales como viento metal, viento madera, cuerda y percusión.

Sección de cuerdas: Incluye instrumentos que como su nombre lo indica, generan sonido mediante las vibraciones de una o más cuerdas, este sonido es ampliado por una caja de resonancia. En esta clase encontramos, cuerda frotada, cuerda pulsada y cuerda percutida.

En **cuerdas frotadas:** Son las que se ejecutan mediante un arco, tales como:

| violín | viola | violonchelo | contrabajo |

En **cuerdas pulsadas:** Son los que se tocan con los dedos o un pedazo de material rígido como madera, plástico, por ejemplo:

arpa

Cuerdas percutidas: El sonido es producido a causa del golpe de las cuerdas con un martillo de madera cubierto de fieltro aquí tenemos el piano.

piano

Sección de viento: Estos instrumentos no necesita ni cuerdas ni membranas, ya que el sonido es provocado por la vibración del viento y la masa de aire. Se clasifican en viento metal y viento madera.

Viento metal: Se caracterizan por presentar un sonido sólido, reluciente y metálico.

trompeta	trombón	tuba	trompa

Viento madera: El sonido que desprenden estos instrumentos es más dulce y suave que el de los metales.

flauta	oboe	clarinete	corno inglés	contrafagot	fagot	saxofón

Sección de percusión: El sonido se origina al golpear o agitar el instrumento musical, se caracterizan por presentar varias sonoridades. Se clasifican en: percusión afinada y percusión no afinada.

Percusión afinada: En este grupo están los instrumentos cuyo sonido es determinado o lo que es lo mismo que pueden producir diferentes notas musicales pues son melódicos, suelen tocarse con baquetas:

timbal	marimba	campanas tubulares	xilófono

Percusión no afinada: Son instrumentos que no pueden producir diferentes melodías.

| platillos | triángulo | bombo | caja | gong |

Cada instrumento en la Orquesta Sinfónica tiene una ubicación determinada, observe la siguiente figura en la que se representa dicha distribución.

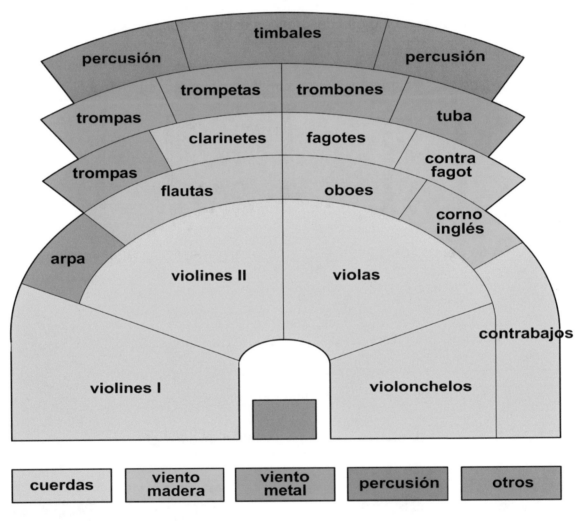

Comprueba tus conocimientos

1. Completa el siguiente mapa conceptual relacionado con los instrumentos de la Orquesta Sinfónica.

Instrumentos de la Orquesta sinfónica

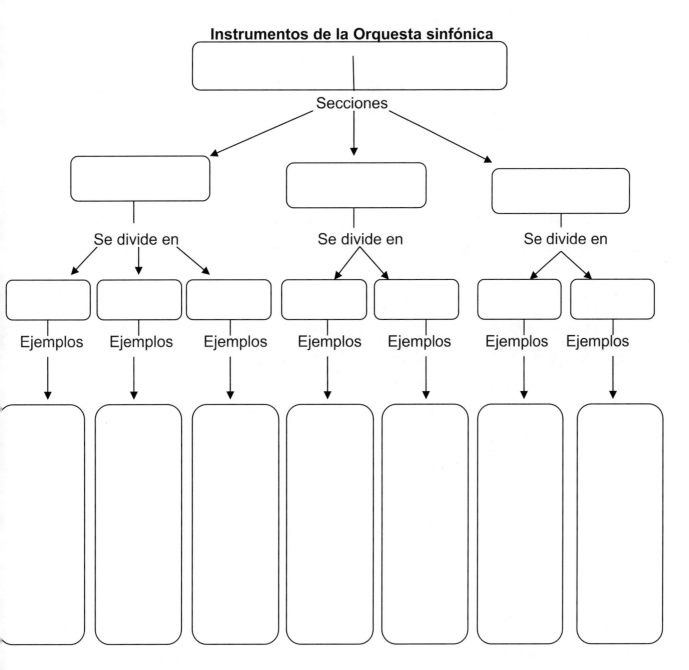

2. Identifica en la siguiente sopa de letras los instrumentos que componen una Orquesta Sinfónica.

a. Cuerdas frotadas _____.

b. Cuerdas pulsadas_____.

c. Cuerdas percutidas_____.

d. Viento metal _____.

e. Viento madera_____.

f. Percusión afinada_____.

g. Percusión no afinada_____.

```
C  O  N  T  R  A  F  A  G  O  T  I  M  B  A  L  C
A  R  I  L  E  V  I  O  L  I  N  A  F  E  R  G  A
C  O  R  N  O  I  N  G  L  E  S  R  A  L  E  A  M
A  B  E  R  I  O  B  O  E  L  I  M  G  O  N  G  P
R  E  V  I  O  L  O  N  C  H  E  L  O  R  I  E  A
E  L  T  E  G  A  R  B  O  M  B  O  T  E  R  I  N
L  I  R  C  L  A  R  I  N  E  T  E  L  M  D  S  A
I  G  O  S  E  T  A  R  T  R  O  M  P  E  T  A  S
A  D  M  E  S  I  E  T  R  O  M  B  O  N  U  X  T
T  E  P  A  T  E  D  I  A  R  P  A  X  A  B  O  U
F  L  A  U  T  A  M  A  B  E  I  C  I  D  A  F  B
L  I  M  A  R  I  M  B  A  F  A  G  L  U  T  O  U
E  M  A  C  I  J  O  A  J  E  N  I  O  M  U  N  L
D  P  L  A  T  I  L  L  O  S  O  T  F  I  M  O  A
R  A  M  J  E  A  L  O  H  E  L  A  O  K  A  E  R
I  G  E  A  F  A  T  A  K  A  L  U  N  A  T  I  E
P  A  G  I  T  A  Y  E  I  M  U  M  O  D  J     S
```

Trabajo en competencias

Actividad individual

Confección de maqueta de los instrumentos de la Orquesta Sinfónica.

Materiales: Cartulina o cajeta, lápiz, goma, tijeras, figuras de cada uno de los instrumentos de la Orquesta Sinfónica.

Procedimiento:

1. Dibujarás en su cartulina la figura relacionada con la ubicación de los instrumentos de la Orquesta Sinfónica que aparece en la página 136.

2. Recortarás cada uno de los instrumentos y procederá a ubicar cada uno e irlos pegando.

3. Escribe el nombre de los instrumentos.

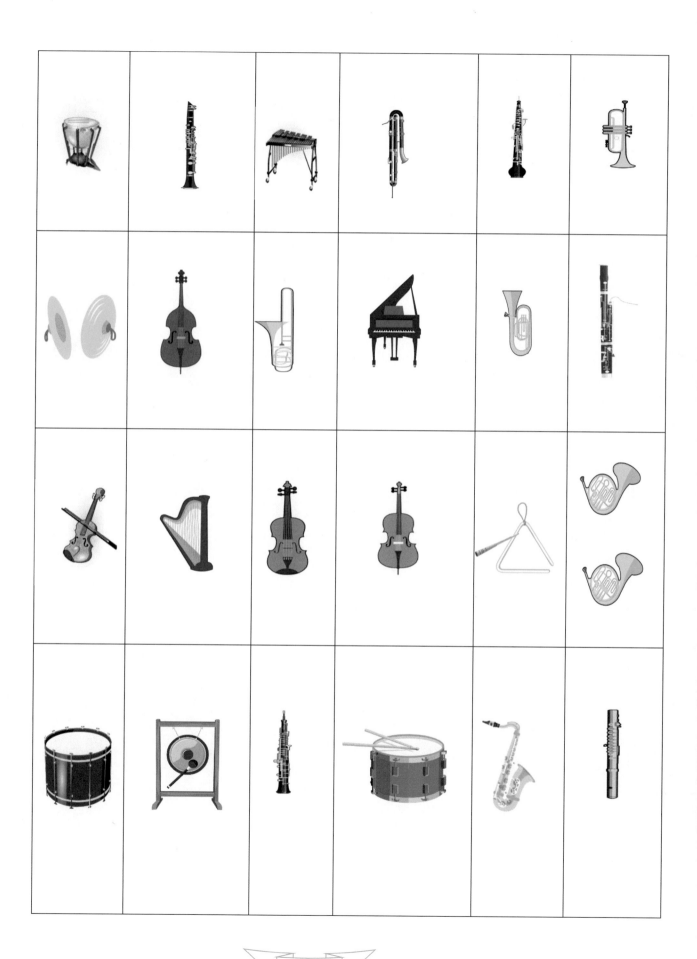

Lección 51: Agrupaciones instrumentales

Objetivo: Caracteriza cada una de las agrupaciones instrumentales.

Las agrupaciones instrumentales tienen el rol de recrear temas de diferentes épocas y géneros y así de esta forma deleitar al público con sus melodías.

En Panamá existen varias agrupaciones instrumentales ellas son:

Orquesta Sinfónica Nacional, Orquesta de Cámara, Bandas de Música, Conjuntos Típicos y Bandas de jazz.

Orquesta Sinfónica Nacional: Se caracteriza por estar formada por varias familias de instrumentos musicales como: viento madera, viento metal, percusión y cuerda, el papel de esta agrupación es trabajar coordinados en equipo pues de ahí depende el éxito de sus presentaciones. Su tamaño es grande.

Orquesta de cámara: Se caracteriza por ser una agrupación pequeña integrada por instrumentos de cuerda y viento.

Bandas de música: Agrupación de tamaño grande formada por instrumentos que puedan ser interpretados en marchas durante un desfile, la integran instrumentos de viento y percusión.

Conjuntos típicos son agrupaciones de tamaño mediano (de 8 a 12 intérpretes) cuya melodía se aplica a la música autóctona de un país o región. Los de nuestro país utilizan instrumentos de viento, cuerda y percusión.

Bandas de jazz: Agrupación cuyo tamaño varía puede ir desde un número pequeño de músicos hasta un gran tamaño. Su música está basada en un género determinado, cuyo origen es afronorteamericano (el jazz). Domina la improvisación en los integrantes de este tipo de agrupación. Los instrumentos que utilizan son de viento, percusión y cuerdas percutidas.

Actividad en clases

Completa el siguiente cuadro relacionado con las agrupaciones instrumentales.

Agrupaciones instrumentales	Características	Instrumentos que utilizan

Trabajo en competencia

Actividad individual

1. Investiga el nombre del actual director de la Orquesta Sinfónica de Panamá.

2. Investiga por quién y en qué año fue creada la Orquesta de Cámara de la Universidad de Panamá.

3. Elabora un mural informativo de las presentaciones y eventos de las diferentes agrupaciones en tu comunidad.

Lección 52: Instituciones culturales de Panamá

Objetivo: Menciona las instituciones culturales de nuestro país.

Panamá cuenta con varias instituciones culturales las cuales tienen sus características peculiares y cumplen una función específica cada una. Entre estas instituciones tenemos:

La Orquesta Sinfónica, la Banda Republicana, Banda del Cuerpo de Bomberos, Banda Municipal, Banda Sinfónica Universitaria, Banda de la policía Nacional, el Conservatorio Nacional de Música.

La **Orquesta sinfónica de Panamá** es dependiente del Ministerio de Cultura y dirigida desde el año 1994 por el maestro Jorge Ledezma Bradley. La Orquesta cumple la función específica de divulgar la música tanto del ámbito nacional como internacional, incluyendo repertorios clásicos tradicional de Haydn, Mozart, Brahms o Beethoven. Durante la época navideña ofrece conciertos a lo largo del país deleitando al público con villancicos variados.

Banda republicana esta fue la primera institución musical fundada en Panamá, cumple con la función de amenizar con su música los actos protocolares y oficiales del Estado, además participa en ceremonias religiosas oficiales, graduaciones, conciertos, desfiles. El repertorio de esta agrupación es variado, interpretan himnos, marchas patrióticas, sinfonías, pasillos, danzones, cumbias, puntos, boleros, música popular, infantil, navideñas además de melodías modernas.

Banda del cuerpo de bomberos fue fundada el 14 de agosto de 1891 esta idea surgió de Juan Antonio Guizado. Su director en la actualidad es Jorge René
Esta banda está compuesta por músicos profesionales se ha ganado el respeto y admiración del pueblo panameño. La función de esta banda es fortalecer la identidad de la cultura panameña con beneficencia y un significado patriótico en actividades protocolares, además de organizar actividades musicales.

Banda municipal de Panamá se fundó el 16 de octubre de 1992, su función principal es llevar a cabo variadas actividades en diferentes poblaciones del país con el fin de poner en alto nuestra cultura.

Banda sinfónica universitaria está integrada por aproximadamente 60 estudiantes que cursan licenciatura en la Facultad de Bellas Artes, la constituyen además algunos docentes y músicos profesionales. La función de esta agrupación es difundir los temas musicales dentro de los predios universitario.

Banda de música de la Policía Nacional es un **grupo** musical cuya principal función es preparar culturalmente a niños y jóvenes para fomentar un acercamiento entre la comunidad y la policía y así mediante la música contra restar la delincuencia.

Conservatorio nacional de música de Panamá se creó en el año 1904 bajo el nombre de Conservatorio de música y Declamación, su primer director fue Narciso Garay Díaz. En este centro educativo la función principal es preparar futuros instrumentistas, profesores de música, cantantes, y dramaturgos, a niveles de bachillerato, técnicos y licenciatura. Se ofrecen especializaciones de varios instrumentos de cuerdas, viento, y percusión, además se ofrece iniciación musical para niños y niñas.

Trabajo en competencias

Actividad individual

1. Investiga cuántos años cumple la Banda Republicana el 1 de noviembre y el nombre de los tres directores que ha tenido.
2. Investiga y escriba el nombre del primer director de la Banda de los Bomberos.
3. ¿Qué actividades realizó la Banda de la Policía durante el tiempo de cuarentena en pandemia?

Actividad en equipo: Mural cultural

El grupo se dividirá en 7 equipos diferentes, cada uno seleccionará una institución cultural y construirán un mural en base a las mismas, deben aparecer fotografías de cada una en las que se evidencien sus presentaciones.

4. Elabora un mapa conceptual con cada una de las instituciones nacionales de Panamá y sus funciones.

Glosario

Acorde: Conjunto de tres o más nota que suenan al unísono y constituyen una unidad armónica.

Altura musical: Parámetro que determina la frecuencia de un sonido.

Banda de música: Agrupación formada por instrumentos de viento, cuerda y percusión. Son bandas dedicadas a la interpretación de la música jazz

Banda Sinfónica: Conjunto de músicos que interpretan instrumentos de viento, de percusión y algunos de cuerda.

Blanca: Figura musical, cuyo valor es 2 tiempo formada por una cabeza blanca y una plica.

Cabeza o topillo: Parte de la nota musical de forma ovalada.

Capacidad respiratoria: Cantidad de aire que es posible expulsar de los pulmones.

Clave de fa: Primer signo que se coloca en el pentagrama grave.

Clave de sol: Signo apropiado para representar sonidos agudos.

Clave musical: Signo que se emplea para indicar la altura del sonido.

Compás: Categoría métrica musical compuesta por unidades de tiempo.

Corchea: Figura musical que se representa con un óvalo coloreado en negro,unido a una plica vertical con un corchete.

Cuerdas vocales: Estructura del aparato fonador encargado de la producción de la voz.

Dosillo: Grupo de dos notas con igual duración.

El sistema de notación musical inglés o anglosajón: Es un tipo de notación musical alfabético.

Escala cromática: Es la sucesión de notas de en modo ascendente y descendente.

Escala musical: Conjunto de sonidos ordenados, dispuestos en orden ascendente y descendente.

Fieltro: Textil no tejido, en forma de lámina.

Fusa: Figura musical que se representa con un óvalo coloreado en negro,unido a una plica vertical con tres corchetes.

Instrumentos autóctonos: Son aquellos originarios de un país o región.

Instrumentos de cuerda: Son los que producen sonidos por medio de la vibración de una o varias cuerdas.

Instrumentos de percusión: Son los que producen sonidos al ser golpeado con una baqueta, una maza, otro instrumento del mismo tipo.

Instrumentos de viento: Crean sonidos por medio de la vibración producida por una columna de aire.

Instrumentos melódicos: Son aquellos que se pueden afinar.

Instrumentos no melódicos: Son aquellos que no se pueden afinar.

Intervalo: Diferencia de altura entre dos notas musicales.

Melódico: Sonido con alturas y ritmos musicales.

Membranófonos: Instrumento musical cuya vibración se produce en una membrana tensa.

Negra: Figura musical cuyo valor es 1 tiempo, formada por una cabeza sombreada y una plica.

Nota musical: Elemento mediante el cual se forman diferentes melodías.

Pentagrama agudo: Donde se ubican las notas de alta frecuencia audible.

Pentagrama doble: Compuesto por pentagrama agudo y pentagrama grave, utilizado para instrumentos como el piano.

Pentagrama Grave: Donde se ubican las notas de baja frecuencia audible.

Pentagrama: Conjunto de cinco líneas horizontales y cuatro espacios.

Plica: Línea vertical que va unida a la cabeza de la nota.

Redonda: Figura musical, cuyo valor es 4 tiempos formada solamente por la cabeza.

Registro o extensión vocal: Término extenso pues incluye todos los sonidos que llega una voz desde el grave hasta el agudo.

Ritmo: Movimiento controlado medido o sonoro.

Ruido: Sonido no agradable sin armonía.

Semicorchea: Figura musical que se representa con un óvalo coloreado en negro, unido a una plica vertical con dos corchetes.

Silencio Musical: Ausencia de ruido o sonido.

Sonido determinado: Sonido melódico en el que se puede medir la altura.

Sonido indeterminado: Es un sonido que no tiene melodía y no se puede medir la altura.

Sonidos agudos: Sonidos cuya frecuencia es alta.

Sonidos graves: Sonidos o tonos cuya frecuencia es baja.

Tresillo: Grupo de tres notas con una valoración especial.

Vocalizar: Pronunciación de forma correcta de todos los sonidos.

Viento metal: Instrumentos musicales de viento formado por un tubo de metal que puede estar doblado o recto.

BIBLIOGRAFÍA

Rodríguez Ada, Alegría Musical 1, Panamá, Editorial Ventura.2016

Rodríguez Ada, Alegría Musical 2, Panamá, Editorial Ventura 2017

Rodríguez Ada, Alegría Musical 3, Panamá, Editorial Ventura 2016

Rodríguez Ada, Alegría Musical 4, Panamá, Editorial Ventura 2019

Rodríguez Ada, Alegría Musical 5, Panamá, Editorial Ventura 2019

Rodríguez Ada, Alegría Musical 6, Panamá, Editorial Ventura   2020

Rodríguez Ada, Alegría Musical 7, Panamá, Editorial Ventura 2021

Garay Díaz, Narciso E, Tradiciones y cantares de Panamá, 1999

Editorial Arte y, Literatura   Diccionario Oxford de la Musica.1980

Athos Palma   Teoría razonada de la música. 2008

Hugo Riemann   Teoría general de la música. 2005

Paul Hindemith   Elementary Training for Músicians. 1946

Ríos, Régulo   Iniciación musical para la escuela panameña. ImprentaLIL. Costa Rica1987.

John Brimhall   Cuaderno de Teoría. 1971

Jesús Antonio Quiñones, El uso pedagógico del Kamu Purrui para el desarrollo de la sensibilidad en las nuevas generaciones. 2013

Made in the USA
Columbia, SC
23 October 2024

44363037R00083